KB194600

LEADER NI NARU HITO NI SHITTEOITE HOSHII KOTO
By Konosuke MATSUSHITA
Copyright © 2009 by PHP Institute, Inc.
All rights reserved.
First original Japanese edition published by PHP Institute, Inc., Japan.
Korean translation rights arranged with PHP Institute, Inc.
through BC Agency.

리더의
길을 묻다

리더의 길을 묻다

펴낸날 2025년 6월 11일 1판 1쇄

지은이 마쓰시타 고노스케
편저 마쓰시타 정경숙
사진 Panasonic Holdings Corporation
옮긴이 김정환
펴낸이 金永先
책임교정 박혜나, 정승혜
디자인 바이텍스트

펴낸곳 지니의서재
출판등록 1978년 5월 15일(제13-19호)
주소 경기도 고양시 덕양구 청초로 10 GL메트로시티한강 A동 A1-1924호
전화 (02)719-1424
팩스 (02)719-1404
이메일 geniesbook@naver.com

ISBN 979-11-94620-07-5 (04320)
　　　979-11-94620-04-4 (세트)

리더의
길을 묻다

마쓰시타 고노스케 ǀ 김정환 옮김

경영의 신
마쓰시타 고노스케에게

지니의서재

리더가 될 사람들이
알아 두어야 할 것들

지금 일본은 그야말로 '100년에 한 번 올까 말까 한 위기'이다. 긴 불황의 터널에서 언제 빠져나올 수 있을지 아직 그 누구도 알지 못하는 상황이다. 이러한 위기의 시대가 찾아오면 늘 나오는 말이 있다. 바로 '리더의 부재'이다.

우리 마쓰시타 정경숙松下政經塾은 차세대 리더를 양성하고자 고故 마쓰시타 고노스케를 숙장塾長(의숙義塾이나 학숙學塾의 우두머리)으로 하여 1979년에 창설되었다. 지금까지 많은 분의 도움을 받으며 정계와 재계에 수많은 인재를 배출해 왔지만, 요즘 같은 위기 상황에서 그 활약 무대를 더욱 확대해야 한다는 생각이 하루가 다르게 커지고 있다.

제2차 세계 대전에서 패하고 나서 일본은 잿더미가 되었고, 국민의 생활은 궁핍하기 이를 데 없었다. 최악이라고도 할 수 있는 그런 상황에서 고도 경제 성장기를 거쳐 부흥을 이룩하는 가운데, 마쓰시타 고노스케도 일본 경제의 견인차 중 한 명으로 활약했다. 그리고 말년에 자신의 재산으로 세운 PHP종합연구소의 출판물을 통해 실업가로서의 긴 인생에서 쌓아 온 '지혜'를 활발히 전했다.

마쓰시타 정경숙에서 마쓰시타가 한 말은 방대한 기록으로 남아 있는데, 그 밑바탕에는 '인간을 육성한다.', '인간으로 성장해 성공한다.'라는 생각이 있다. 이는 그가 이 정경숙을 창설할 때 고명한 지식인들과 나눈 대화에서도 반복해서 강조한 것이다.

성공의 조건은 따로 있다

마쓰시타가 인간으로서의 성장과 성공을 중시한다는 점과 관련해 특히 기억에 남는 이야기가 있다.

"저는 지금까지 60년 동안 장사를 하면서 수만 명이 넘는 소매상을 상대했습니다. 그 수만 명이 넘는 소매상과 도매상 중에는 장사 수완이 뛰어난 사람도 있고 그렇지 못한 사람도 있었습니다. 그런 분들을 보고 느낀 점인데요. 머리가 비상하고 근면하다고 해서 반드시 성공하는 것은 아니었습니다. 사람을 끌어들이는 매력이 있고, 그 밖에도 여러 가지 요소가 있을 때 성공하는 것입니다."

성공의 조건은 뛰어난 두뇌도 근면함도 아니라는 것이다. 그렇다면 그 조건이란 무엇일까? 바로 '운'과 '애교'이다. 이 두 가지 바탕 위에 현명함이나 근면함 같은 능력이 필요하다고 항상 강조했다.

마쓰시타는 또 "난 운이 좋은 사람이야."라고 입버릇처럼 말했다. 리더가 되려는 사람이나 성공하고자 하는 사람이 "행운의 여신은 내 편이 아니야."라고 말한다면 그를 따르는 부하도 자연스레 걱정하게 될 것이다. 애초에 '나는 운이 없어.'라고 생각하는 사람을 누가 밀어주겠는가?

또 "난 운이 좋은 사람이다."라는 말은 피땀 어린 노력과 경험의 발로로 생각할 수 있다. 추상적인 기준이라고도 할 수 있지만, '세상'이라는 추상적인 존재에 순응하고 그 '세상'의 도움을 받으며 '세상' 속에서 성공해 왔기에 할 수 있는 말이다. 그리고 여기에서 그의 인생관을 엿볼 수 있다.

성공의 요점이란

그런 사고방식과 생각을 바탕으로 마쓰시타는 정경숙에 모인 리더 후보생들에게 성공의 요점을 이렇게 말했다.

"숙시塾是와 숙훈塾訓이 의미하는 바는 모두 알고 있겠지? 그 내용을 이따금 자문자답해 보고 있나? 이것을 100퍼센트 실행할 수 있다면 그것으로도 이미 대단한 사람이야. 이런 걸 극명하게 찾아내서 머릿속에 기억하고 그것이 몸에 배었으면 좋겠군."

그리고 "자네, 이걸(숙훈을) 매일 백 번씩 소리 내서 읽게. 그렇게 조금 지나면 알게 될 거야."라고 말하기도 했다. 백 번 소리 내서 읽는다, 그렇게 조금 지나면 알게 된다, 이렇게 단언할 수 있는 것은 평소에 항상 생각하고 바라며 그것을 계속해서 실천하면 어느 날 갑자기 깨달음을 얻고 운도 자신의 편이 된다는 사실을 터득했기 때문일 것이다.

초기에는 마쓰시타가 직접 학생들에게 이런 생각을 거듭해서 말했다. 인간으로서 성장하기를 기대하며 만들어 낸 숙시·숙훈을 철저히 자신의 것으로 만들라고 귀에 못이 박이도록 말했다. 그래서 마쓰시타 정경숙에서는 매일 아침 숙시인 "진정으로 국가와 국민을 사랑하고 새로운 인간관에 바탕을 둔 정치·경제 이념을 탐구해 인류의 번영과 행복과 세계 평화에 공헌한다."와 숙훈, 그리고 다섯 가지 다짐을 외친다.

세상의 인정을 받는 회사에는 대부분 경영 이념이 있다. 사람으로 치면 '뜻'이라고 할 수 있을 것이다. 이것을 늘 잊지 않고 자문자답하며 몸에 익혀 100퍼센트 실행할 수 있도록 정진해 나간다. 그러지 않으면 진정한 리더를 육성할 수 없다고 생각한 것이리라.

성공하는 리더란

그러나 그것만으로 성공하는 리더가 될 수 없다. 그럼 또 어떻게 해야 할까? 마쓰시타는 숙생들에게 '지식이 아니라 지혜'라는 말을 자주 했다. 지식으로 아는 것이 아니라 마음으로 이해해야 한다, 즉 '깨달아야' 한다는 것이다. 일상의 사소한 일들을 소중히 여기고 그 일에 진지하게 몰두하는 자세의 중요성을 말한 것이다. 그리고 그것을 구체적으로 이야기했다.

예를 들어 마쓰시타 정경숙에서는 특히 '청소'의 중요성을 강조했다. '청소를 통한 깨달음'에 대한 마쓰시타의 생각은 본문에서 소개할 예정이다. 그 전에 《논어》와 함께 사서오경으로 꼽히는 《대학》에도 '수신제가치국평천하修身齊家治國平天下'라는 말이 나온다. 먼저 자신의 몸을 바르게 함으로써 그 주변, 나아가서는 국가가 안정된다는 뜻이다. 즉 이와 같은 리더로서의 마음가짐을 그대로 실천하려 한 것이다.

지금은 위기의 시대이다. 따라서 리더는 먼저 눈앞의 힘든 현실과 싸워야 한다. 사원이 30명 있는 회사의 사장이라면 그 가족을 포함해서 100명이 넘는 사람들의 생활을 지켜야 할 책임이 있다. 여기에 관계를 맺은 회사들까지 포함하면 그 책임은 수십 배로 커진다고 할 수 있다. 이러한 어려움을 뚫고 살아남기란 결코 쉬운 일이 아니다. 인간력, 정신력, 결단력 같은 능력, 그리고 지혜를 평소에 갈고닦아 놓지 않으면 불가능하다고 해도 과언이 아닐 것이다.

마쓰시타 정경숙에서도 작금의 상황을 거울삼고, 문을 연지 30주년이 되는 2009년을 맞이하여 지금까지의 인간 교육을 집대성하기 위한 첫걸음을 내딛기로 결단을 내렸다. 원래는 숙생을 위한 교재로 이 책의 간행을 기획했다. 그러나 작업을 시작하기에 앞서 PHP종합연구소 학연 출판부와 상담한 결과 "이 교육 내용은 다른 모든 기업의 리더 교육에도 반드시 참고가 될 것이다."라는 의견을 듣고 PHP 출판사와 PHP종합연구소가 서로 협력해 출판하기로 했다.

마쓰시타 고노스케에 대해서는 지금까지 수많은 출판물이 간행되었다. 그래서 이 책에서는 이미 공개된 것도 일부 있지만 주로 100여 시간 분량에 이르는 미공개 강연 녹음 테이프를 바탕으로 마쓰시타가 전하고자 했던 생각, 숙생들이 명심해야 할 최소한의 사항을 48가지로 엄선하여 생각의 요점을 정리했다. 마쓰시타 정경숙에서도 매해 숙생들에게 이를 분명히 전하고 이끌 수 있기를 바라고 있다.

현재 리더인 사람, 또 리더를 지망하는 사람이 중심이 되어 발을 단단히 딛고 눈앞의 목표를 향해 온 힘을 기울이겠다는 각오를 해야만 하는 시대가 왔다. 따라서 이 책의 내용이 많은 사람에게 조금이나마 도움이 될 수 있다면 행복할 것이다.

마쓰시타 정경숙 숙장

사노 타케미 佐野尚見

차례

◆ 마쓰시타 정경숙 숙훈塾訓 ◆

순수한 마음으로 여러 지혜를 모으고 스스로 깨달아 얻은 것으로 사물의 본질을 규명하며 매일 새로운 생성 발전의 길을 추구하사.

◆ 마쓰시타 정경숙 다섯 가지 다짐 ◆

소지관철素志貫徹

항상 뜻을 품고 할 일을 열심히 하면 어떤 어려움에 부딪히더라도 길은 반드시 열린다. 성공의 요점은 성공할 때까지 계속하는 것이다.

자주자립自主自立

다른 사람에게 기대어서는 일이 진행되지 않는다. 자신의 힘으로, 자신의 발로 걸을 때 비로소 다른 사람의 공감을 얻을 수 있으며 지혜와 힘을 모아 좋은 성과를 거둘 수 있다.

만사연수萬事研修

보는 것과 듣는 것을 두루 공부하고 모든 경험을 연수로 받아들이며 열심히 노력할 때 진정한 발전을 이룰 수 있다. 주의해서 보면 만물이 나의 스승이 된다.

선구개척先驅開拓

기존 관념에 사로잡히지 않고 끊임없이 창조하고 개척해 나가는 모습에 일본과 세계의 미래가 있다. 시대를 앞서 나가는 사람이야말로 새로운 역사의 문을 여는 법이다.

감사협력感謝協力

아무리 인재가 모여도 화목함이 없으면 성과를 얻지 못한다. 항상 감사하는 마음을 품고 서로 협력할 때 신뢰가 싹트며 진정한 발전도 이룩된다.

1장

순수한 마음으로
여러 지혜를 모으라

순수한 마음을 가지면 본질에 다가설 수 있다.
본질에 다가섰을 때 비로소 현명해질 수 있다.
순수는 바로 정도를 걷는 마음이다.
순수한 마음이 극에 달하면 바로 신의 지혜를 얻을 수 있다.
결국 순수란 신에 가까워지는 방법이다.

사물의 본질을
보는 눈

순수해지면 사물을 색안경을 쓰고 보지 않게 됩니다.

빨간색은 빨간색으로, 검은색은 검은색으로 봅니다.

본질을 알면 실수가 줄어들고 생각이 자유로워집니다.

"순수한 마음을 갖도록 합시다. 순수한 마음은 여러분을 강하고 바르고 총명하게 합니다."라는 뜻으로 말한 것입니다. 순수해지면 사물의 실상을 알 수 있습니다. 색안경을 쓰고 무언가에 얽매이지 않으니 모든 것을 잘 이해하게 될 것입니다. 빨간색은 빨간색으로, 검은색은 검은색으로 보입니다. 본질을 알 수 있다는 말입니다. 그런 마음을 키워 나가면 사물을 올바르게 볼 수 있습니다. 그러므로 현명해지고 총명해집니다.

총명의 극치는 영지英智라고 할 수 있는데 그 위는 신지神智, 즉 신의 지혜입니다. 순수한 마음이 되면 그다음에는 신의 지혜를 얻을 수 있다고 저는 믿습니다.

그러므로 여러분은 모두 순수한 사람이 되어야 합니다. 순수하게 사물을 바라보는 안목을 기르는 것입니다. 그러면 자신의 재능을 살릴 수 있습니다. 무엇보다 사물을 순수하게 바라보면 실수가 줄어듭니다. 이른바 생각이 자유로운 사람이 되는 것입니다. 저는 그렇게 생각합니다.

02

항상 올바른 길을
걸으라

전술·전략도 중요하지만,

그 이상으로 중요한 것이 무엇인지 잊어서는 안 됩니다.

그러지 않으면 큰일을 결행할 수 없습니다.

가만히 생각해 봤는데, 내 생각에 가장 순수한 사람은 도요토미 히데요시인 것 같더군요. 책에는 항상 권모술수를 꾀하는 사람이었다고 나오지만, 그는 순수한 사람이었습니다. 우리는 지금 "순수한 마음이 됩시다."라고 표방하지 않습니까? 히데요시는 그 순수한 마음이 누구보다 강했습니다. 그래서 자기 의견을 내는 겁니다. 진실이 보이니까, 실상이 보이니까 그걸 표현한 거지요.

그 증거가 있습니다. 다들 알겠지만, 히데요시는 대장이 되고 나서 주고쿠 지방에서 모리 군과 대치한 적이 있습니다. 그때 교토에서 오다 노부나가가 아케치 미쓰히데의 습격을 받아 생을 마감했습니다. 당시의 도덕관념으로는 주군의 원수나 부모의 원수와는 같은 하늘 아래에서 살 수 없었습니다. 불구대천의 원수라는 말이 있지 않습니까? 같은 하늘 아래서 살 수 없다면, 상대방을 죽이든지 내가 죽든지 해야 한다는 뜻입니다. 그 도덕관념에 가장 충실한 사람이 바로 히데요시였지요. 그때 히데요시는 빗추라는 곳에 있었는데, 노부나가가 죽은 교토 주변을 살펴보면 긴키에 다른 가신들도 많았답니다. 노부나가의 장남은 노부나가와 함께 죽었지만 둘째하고 셋째는 그곳에 있었지요. 하지만 누구 하나 곧바로 달려가서 원수를 갚으려 하지 않았어요. 모두 형세를 관망할 뿐이었지요. 그런데 히데요시는 형세 관망 따위는 하지 않았어요. 같은 하늘 아래서는 살 수 없으니 한시라도, 1초라도 빨리 내가 죽든 상대를 죽이든 결판을 내겠다며 덤볐지요. 그래서 밤낮 가리지 않고 교토로 달려가서 단독으로 미쓰히데를 쳐버린 겁니다.

난 이것만큼 확실한 건 없다고 생각합니다. 불구대천이라는 개념을 가장 충실히 지킨 사람은 히데요시예요. 이길지 질지는 모르지만 그보다는 원수와 함께 살 수 없다는 것이 더 중요하고 내가 죽든 미쓰히데가 죽든 둘 중 하나라고 생각했던 것이죠. 그러니까 운명의 여신이 가장 순수한 히데요시의 손을 들어 준 건 당연한 결과라고 할 수 있지요. 후세의 역사가들은 노부나가가 죽고 히데요시가 "됐다!" 하며 좋아했다고 말하지만, 그건 자기들 멋대로 상상해 낸 것입니다.

아주 간단해요. 당시의 도덕관념을 가장 충실히 따른 인물은 히데요시입니다. 형세 관망 따위는 하지 않았지요. 이게 정말 중요한 점입니다. 그런 게 번뜩여야 해요. 전략이라든가 전술 같은 것 이상으로 그때의 도덕관념에 따르는 것, 이것이 중요한 겁니다. 무엇이 올바른가 하는 판단에 따라 결행하는 거죠. 이겼으면 좋겠다든가, 지면 큰일이라는 생각은 쓸데없어요. 이겨도 좋고 져도 상관없다, 해야 할 일은 한다는 생각이 중요하지요. 그렇게 체념하는 마음이 없으면 큰일을 결행할 수 없습니다.

03

객관적으로
보라

자신의 주관을 앞세워서 보면 대개 오판을 합니다.

객관적으로 사물을 보십시오.

다시 말해 순수하게 사물을 보는 것이 중요합니다.

순수한 마음이 된다는 건 정말 어려운 일입니다. 순수한 마음이 되는 건 정말로 중요하지만 그리 간단하게 이루어지지는 않습니다. 하물며 금방 순수한 마음이 되는 건 절대 불가능하지요. 그래서 나는 이렇게 생각했습니다. 순수한 마음이 되고 싶다고 매일 바라자고 말이죠. 아침에 일어나서 불단이 있는 곳이면 불단, 신위가 있는 곳이면 신위 앞에서 마음속으로 비는 거죠. '오늘도 순수한 마음으로 무사히 하루를 보낼 수 있게 해 주십시오.' 나는 한 30년을 그렇게 계속하다 보면 큰 실수 없이 순수한 마음으로 사물을 바라볼 수 있게 될 거라고 믿었습니다.

요점은 순수함의 초단初段이 되자는 것입니다. 그런 순수한 마음의 초단이 되려면 30년은 걸릴 거라고 생각했어요. 좋은 스승을 만나 특별한 지도를 받는 경우를 제외하고, 일반적으로 바둑을 모르는 사람이 바둑을 1만 번 정도 두면 초단이 될 수 있다고 합니다. 사람마다 차이는 있지만 말입니다. 그래서 난 순수한 마음의 초단이 되려면 그만큼은 걸릴 거라고 보고 시작한 것입니다. 지금까지 35년을 계속했으니까 이제 겨우 초단이 되었다고 할 수 있겠지요. 그러니까 여러분보다 순수하게 사물을 바라볼 수 있는 셈입니다. 이렇게 생각하면 안 된다, 이건 이렇게 하는 편이 낫다는 걸 어느 정도 알 수 있어요. 초단 수준 정도로도 알 수 있다는 말입니다.

오늘 처음으로 내 이야기를 듣고 '아하, 그렇구나.'라고 생각하는 사람은 괜찮습니다. 하지만 '그렇구나.'라고 생각하지 않는 사람도 있을 겁니다. '도대체 무슨 말을 하고 싶은 건지 모르겠어.'라고 생각하는 사람은 아직 시간이 더 필요합니다. 요컨대 내 말은 순수한 마음이 돼야 한다, 선입견에 사로잡혀서 사물을 봐서는 안 된다, 허심탄회하게 사물을 바라봐야 한다는 겁니다. 선입견이 없는 마음으로 사물을 봐야 한다는 말이지요. 그러니까 자신에게 유리한 잣대로 사물을 봐서는 안 됩니다.

　그런 순수한 마음으로 사물을 바라보는 훈련은 어떻게 해야 하느냐면, 먼저 진심으로 바라야 합니다. 아침에 일어나면 불단을 보고, 불단이 없는 곳에서는 태양을 보고, 태양이 보이지 않는 곳에서는 산을 보며 맹세하는 것이죠. "오늘 하루도 순수한 마음으로 세상을 바라보도록, 순수한 마음으로 행동하도록 노력하겠습니다." 하고 말입니다. 그렇게 30년을 하면 순수한 마음의 초단이 됩니다. 순수한 마음의 초단이 되면 대체로 사물을 봤을 때 그 실상을 알 수 있습니다. 그 제품은 좋다든가 나쁘다든가, 이건 사면 안 된다든가 사도 괜찮다든가 하는 것을 알 수 있게 되지요.

　그래서 나는 지금 자칭 초단이니까 여러분보다는 사물을 보고 판단하는 눈이 좋다고 생각하는 겁니다. 솔직한 마음은 여러분을 강하고 올바르고 총명하게 만들어 주지요. 총명하다는 건 현명하다는 말이지요? 그러니 나는 현명함도 초단인 셈입니다. 그래서 '이 사람은 안 되겠어.'라든가 '이렇게 하면 좋겠군.' 하고 어느 정도 알 수 있습니다. 그런 걸 알려면 30년이 걸리는 겁니다.

오늘부터 사물을 볼 때 자기에게 유리하게 해석하지 마십시오. 자기에게 유리하든 불리하든 실상을 있는 그대로 파악하도록 하십시오. 그런 점을 명심하면 점점 솔직한 마음으로 판단할 수 있게 됩니다. 그러니까 앞으로 여러 강사의 이야기를 듣거나 책을 읽고 생각할 때도 되도록 순수한 마음으로 판단하려고 노력하십시오. 자신의 주관만으로 사물을 보면 종종 실수를 합니다. 그러므로 우리는 순수한 마음으로 사물을 바라볼 수 있어야 합니다.

04

좋은 것은
순순히 받아들여라

누가 하는 말이든 일단은 순순히 받아들이십시오.

좋다고 생각되면 순순히 받아들이고 실행하십시오.

다른 사람의 의견을 들을 때는 허심탄회하게

사심을 버리고 순수한 마음으로 들으십시오.

그렇게 해서 타인의 지혜를 얻으십시오.

사람들은 이 어렵지 않은 일을 좀처럼 하지 못합니다.

그러고 실패합니다.

내가 오늘날 성공한 이유를 놓고 이런저런 이야기들을 하는데, 난 누가 하는 말이든 일단은 순수한 마음으로 듣습니다. 그래서 '아하, 그렇구나. 이거 괜찮은걸?'이라는 생각이 들면 곧바로 실행합니다. 지금까지 그렇게 해 왔지요. 그러니까 의견을 말하는 사람도 이야기하는 보람이 있는 겁니다. '마쓰시타 씨는 내 말을 진지하게 들어 줬어. 그러니 이 사람을 응원하자.'라는 생각이 드는 것이죠. 오늘날 내가 성공했다고 한다면, 바로 그 때문이 아닐까 싶습니다.

난 지식도 건강도 힘도 없고 싸움도 못 하는 약한 남자입니다. 그런 내가 오늘날 이렇게 될 수 있었던 데는 그럴 만한 재능도 어느 정도는 있었다고 할 수 있지만, 재능 이전에 타인의 의견을 들고 괜찮다고 생각되는 건 순순히 받아들였기 때문입니다. 그 덕에 오늘의 성공을 거둘 수 있었던 겁니다.

앞으로 여러분은 살아갈 날이 많으니 꼭 해결해야 하는 새로운 문제에 직면해서 다른 사람의 의견을 들을 때도 많을 겁니다. 그때 자기 의견을 너무 완고하게 고집하면, 다른 사람들이 의견을 말하지 않습니다. 그럴 때는 허심탄회하게 나라는 존재를 버리고 순수한 마음이 되어서 의견을 들어야 합니다. 그러면 그 사람의 지혜를 얻을 수 있을 겁니다. 이건 결코 어려운 일이 아닙니다. 하지만 '혹시 저 사람이 날 속이려는 건 아닐까?' 하고 마음으로 경계하면, 모처럼 좋은 의견을 들어도 받아들이지 못합니다. 그래서 모두 실패하는 것이죠.

지혜가 계속
샘솟는 비결

크게 사십시오.
작은 일에 연연하지 말고 크게 사십시오.
지식에 사로잡히지 말고 크게 사십시오.
그러면 지혜가 계속해서 샘솟을 것입니다.

내가 어렸을 때 수습 점원으로 취직해서 아침 일찍 일어나 가게 주변을 청소하던 시절에는 오늘날 이렇게 되리라고 상상도 못 했습니다. 나도 모르는 사이에 어느덧 이렇게 되었답니다. 요컨대 다른 사람들의 힘이 더해졌기에 이렇게 될 수 있었던 것이죠. 내 힘도 조금은 있었을지 모르지만, 대부분은 제삼의 힘이 더해진 결과입니다.

여러분이 하는 말에도 그런 제삼의 힘이 더해져야 합니다. 무턱대고 자기주장만 내세워서는 결코 제삼의 힘이 더해지지 않는 법입니다.

그러니까 더욱 크게 살아야 합니다. 크게 되어서 무엇이든 하겠다, 작은 일에는 연연하지 않겠다는 대범한 마음을 가져야 합

니다. 일일이 이것은 꼭 이것이어야 한다고 고집하거나 지식에
사로잡혀서는 안 됩니다.

크게 살면 지식 외의 것이 계속해서 샘솟을 겁니다. 그렇게 되
지 않으면 곤란해요.

06

적을
칭찬하라

장사나 경영에서는 상대방을 헐뜯지 마십시오.
라이벌의 좋은 점을 보고 그것을 받아들이십시오.
정치도 마찬가지로 상대방의 좋은 정책은 받아들이고
여기에 자신의 색을 더하면 됩니다.
그러면 우리의 정치도 좋아질 것입니다.

지금 PHP종합연구소에서는 여러 의견을 모으고 있습니다. 사람들에겐 저마다 다양한 아이디어가 있는데, 잘못을 지적하기보다는 일단 그 아이디어의 좋은 점을 모으자는 것입니다. 그런데 여러분이 지망하는 정치의 세계를 한번 들여다보죠. 가령 선거 연설을 들어 보면 다른 당에 대해서는 무조건 반대를 하더군요. 당이 다르니까 반대하는 게 당연한지도 모르지만, 난 그렇게 해서는 손해라고 생각합니다. 다른 당의 의견에도 좋은 점은 있을 겁니다. 그걸 받아들이면 좋을 텐데 전부 반대만 하는 거죠.

수십 년 전에도 서로가 다른 당을 쓰레기라고 불렀습니다. 다른 당을 칭찬하는 일은 절대로 없었지요. 지금도 마찬가지입니다. 100년을 한결같이 그렇게 해 오고 있지요. 어떻게든 상대방의 결점을 들춰냅니다. 어떤 당이든 모두 마찬가지입니다. 그래서는 영원히 좋아지지 않습니다.

다른 당을 칭찬해도 좋지 않을까요? △△당 의원들이 선거 연설을 나가면 모두 ○○당을 헐뜯습니다. 하지만 ○○당에도 좋은 점이 있다면 "○○당의 이런 정책은 좋다고 생각합니다. 이 정책은 꼭 실행하기를 바랍니다."라고 말하는 겁니다. 그리고 "하지만 △△당의 정책은 이런 점에서 또 다른 특색이 있습니다."라고 덧붙이는 것이죠. 이런 선거 연설도 좋지 않을까요? 그런데 지금은 하나에서 열까지 무조건 헐뜯기만 하더군요. 만약 내가 선거 연설을 한다면 상대방을 칭찬하고 그걸 받아들이겠습니다. 그러면 많은 지혜가 모이겠지요. 좋은 점은 받아들이는 편이 현명한 방법이라고 생각합니다. 그런데 미국을 봐도 경쟁 관계의 당에 대해서는 무조건 헐뜯기만 하더군요. 이건 어딜 가든 똑같아요. 하지만 그런 식으로 한다면 우리의 정치는 발전하지 못합니다.

앞으로 여러분이 입후보한다면 경쟁 관계의 당에 대해서도 칭찬해 주십시오. 다른 당의 좋은 점에 대해서는 "전부 제가 모아서 더 좋은 정책으로 만들겠습니다."라고 호소하는 편이 좋지 않을까요? PHP는 지금 그런 말을 하는 겁니다. 이 세상에 존재하는 건 모두 유용합니다. 어떤 상품이든, 어떤 것이든 부정해서는 안 됩니다. 이걸 전부 사회에 제공하자는 것이지요. 그게 PHP의 기본 원칙입니다. 가령 여기에 열네 명이 있으면 각기 다른 개성이 있습니다. "각자의 개성이 다르니 더욱 좋다, 다양한 개성이 있어서 좋다."라고 말하면 되는 겁니다.

난 한 번도 경쟁 기업을 비방한 적이 없어요. "오, 이 제품 좋은데?", "저 회사의 제품은 참 좋습니다. 하지만 그 장점도 이 안에 전부 들어 있습니다."라고 말해 왔지요. 기업 경영자들은 다른 업자를 나쁘게 말하지 않아요. 그런데 유독 정치 세계에서는 모두 나쁘게 말합니다. 참 이상한 일이지요.

앞으로 여러분이 입후보하면 연설을 할 텐데, 그때는 모두 감동할 만한 상대 당의 장점을 조사해서 그 당의 의견에는 이런 장점이 있다고 칭찬해 주십시오. 그리고 나서 "하지만 저희는 이러이러한 것도 생각하고 있습니다, 그리고 완성도가 더욱 높습니

다, 그러므로 저희의 정책이 더 좋습니다."라는 식으로 말하는 편
이 좋지 않을까요? 그런데 이상하게도 지금의 정치가들은 그렇게
말하지 않네요. 전부 상대방을 헐뜯기만 합니다. 그것도 참 교묘
하게 헐뜯는단 말입니다. (웃음) 그래서는 100년이 가도 평생이 가
도 성과를 얻을 수 없어요. 나아지지 않습니다. 일본 정치가 발전
하지 못하는 것이지요.

2장

직접 겪고 스스로
본질을 규명하라

지식은 중요하다.

그러나 더욱 중요한 것은 몸으로 직접 겪은 일이다.

무엇이든 스스로 겪어 보고 얻은 지혜가 진정한 자신의 것이다.

처한 상황을 긍정하고 그 안에서 배울 것을 찾아 흡수하라.

한 가지 일에 득도하면 다른 일에서도 득도할 수 있다.

지식에
휘둘리지 말라

지식은 도구입니다.

그러므로 우리는 지식의 노예가 되어서는 안 됩니다.

지식의 '주인'이 되어

지식을 자유자재로 사용해야 합니다.

우리에게는 공부할 것이 많아요. 여러분이 나한테 질문해 주었으면 하는 것도 많고, 내가 여러분에게 질문하고 싶은 것도 많습니다. 그렇게 서로 인간에 대해 점점 파악해 가는 것이지요. 그러는 사이에 기술이라든지 지혜라든지 그런 것을 넓혀 나가야 합니다. 여러분은 대학을 갓 졸업했으니 어느 정도는 알고 있겠지요. 그러니까 지식을 다시 공부할 필요는 없다고 생각합니다. 그렇다면 가장 중요한 건 인간을 파악하는 일입니다. 인간에 대해 파악하지 못하면 지식이 진보할수록 문제가 많아지지요. 그러다 결국은 지식과 지식이 충돌해 싸움만 일으키게 됩니다.

그러니까 말하자면 깨달음의 경지입니다. 일종의 깨달음의 경지에 올라야 합니다. 다만, 깨달음이라는 건 그렇게 쉽게 얻을 수 없습니다. 지식은 배울 수 있지만 깨달음은 이야기를 들어도 얻어지지 않지요. 깨달음은 문득 영감이 떠오르면서 조용히 느낌으로 알게 되는 겁니다. 그러니까 자신이 쌓은 지식도 중요하지만, 그 지식 이상의 것을 깨달아야 한다는 말입니다.

물론 지금까지 배운 지식은 꼭 필요한 것이니 결코 허비해서는 안 됩니다. 하지만 그 지식을 완벽히 활용할 생명력이랄까 '생의 근원'이 없어요. 나는 여러분이 그걸 깨달았으면 합니다. 그러면 예를 들어, 법을 행사할 때도 이 법률은 매우 좋은 법률이지만 사용하기에 따라서는 양날의 검이 되니 이런 식으로 사용해야 한다는 것을 알게 되겠지요.

서로 대화를 나누면서 그런 학습을 해 나가야 합니다. 그러니까 여러분이 지금까지 배워 온 지식을 소중히 여겨야 합니다. 그 지식은 매우 가치가 있으며 그 가치를 충분히 평가해야 하지요. 하지만 그것에 얽매여서는 안 된다는 말입니다. 배운 지식에 얽매이면 학문의 노예가 되거든요. 학문의 노예가 되어 버려서는 안 됩니다. 지식을 어떻게 행사할지에 대해서는 자신이 '주인'이 되어야 합니다. 지금은 어쩌면 지식에 휘둘리고 있을지도 모르겠군요. 그렇지 않도록 일단 자신의 지식을 모두 여기에 꺼내 놓고 지그시 바라보면서 '아하, 이 지식은 이런 식으로 사용하면 되겠군, 그리고 이 지식은 이렇게 사용하면 되겠어.' 하고 깨달으십시오. 지식은 도구니까요. 몸에 익힌 도구란 말이지요. 지식 자체가 곧 자신은 아닙니다. 도구에 자신이 사용되어서는 안 돼요. 도구는 사용해야지요. 아주 어려운 이야기이지만, 지식의 노예가 되어서는 안 됩니다. 지식의 주인이 되어서 지식을 자유자재로 활용해야 합니다.

지금 여러분은 지식 자체가 주인이라고, 지식 자체가 위대하다고 생각하고 있습니다. 하지만 나는 지식이 없으니까 그런 식으로 생각하지 않아요. 간단한 이야기입니다. 여러분은 머릿속에 지식이 너무나 가득 차 있어서 머리가 무거운 것입니다. 아니, 정말이라니까요.

자신이 처한 상황을
받아들여라

가난하다는 것이 행운이 될지
불행이 될지는 자신에게 달렸습니다.
자신이 처한 상황을 순순히 받아들이고,
그것을 지혜롭게 활용하면 됩니다.

나는 다행인지 불행인지 집이 가난했기 때문에 뭐든지 해 왔습니다. '뭐든지'라고는 해도 그렇게 여러 가지 일을 한 건 아니지만, 학문적인 것과 지식적인 수양 외에는 전부 해 왔습니다. 그러니까 어지간한 건 알고 있지요. 경험했으니까요. 그래서 이곳을 경험의 장으로 만들려는 겁니다. 그렇다면 무엇부터 시작해야 할까요? 난 청소부터 시작하자고 생각했습니다. 누구든 어렸을 때부터 청소는 했으니까요.

어렸을 때 수습 점원으로 일하던 무렵에는 누가 시키지 않아도 아침 일찍 일어나서 반드시 가게 주변을 청소했습니다. 양 옆집하고 건너편의 세 집 앞까지 청소했지요. 이웃 가게도 이에 질세라 일찍 일어나서 우리 가게 앞을 청소해 줬어요. 그래서 내가 항상 먼저 일어나서 이웃 가게 앞을 청소한 것이죠. 그러면 나중에 일어난 사람은 "이거 정말 고맙군."이라며 인사를 했지요. 열한 살 때부터 5년 동안 그렇게 했습니다. 물론 그것만 한 건 아닙니다. 차 시중은 물론이고 다른 자질구레한 일을 전부 했으니까요.

그리고 우리 때만 해도 실수하면 바로 주먹부터 날아왔답니다. "이런 한심한 녀석!"이라며 혼쭐이 났어요. 고단한 인내의 과정이었지만 그러는 사이에 일하는 요령을 점점 터득했습니다. 학문이라고는 하나도 모르고 편지 한 장 제대로 쓰지 못하지만, 오늘날 이렇게 일할 수 있는 건 그런 경험 속에서 일하는 비결을 익혔기 때문입니다.

여러분은 열 살 때 아직 부모님 품에서 많은 사랑을 받고 초등학교에서 선생님에게 애교를 부리면서 컸을 겁니다. 내 경우는 상황이 나를 만들었습니다. 열다섯이 되었을 때는 어지간한 건 뭐든지 할 수 있게 되었지요. 여러분은 청소 따위는 해 본 적이 없을 겁니다. 아침 일찍 일어나서 이웃집 앞을 청소한 적도 없겠지요. 그런 걸 나는 5년 동안 묵묵히 해 왔습니다.

오사카의 센바('오사카의 배꼽'에 위치한 상업과 금융의 중심지로 옛날부터 상인의 거리, '장사의 메카'로 이름이 높다)에서는 이웃들이 모두 가게였어요. 이웃집 아이는 나와 똑같은 나이였는데 중학교에 다녔지요. 난 중학교에 가지 못하고 청소를 했습니다. 그래도 내가 불쌍하다고 전혀 생각하지 않았어요. 당연하다고 생각했지요. 난 수습 점원이고, 그 아이는 주인집 도련님이니까요. 도련님은 중학교에 가는 게 당연하고, 난 청소하는 게 당연하다고 생각했답니다. 그 사실에 대해 아무런 의문도 품지 않았습니다. 그리고 수습 점원으로 일하면서 장사라든지 이런저런 일들의 요령을 몸에 익혔지요.

지금 그때를 생각하면 꿈같은 상황이지만, 사실 자연스럽게 그렇게 된 겁니다. 그렇게 될 만한 것이 생겨났기 때문이지요. 매일 아침 이웃 가게 앞을 청소하고 물을 뿌리면서 장사의 비결을 알게 됐지요. 그게 나에겐 훌륭한 수업이 되었던 것이죠. 다만, 이제 여러분은 당연히 어린아이가 아니지요. 이미 대학을 졸업한 어엿한 성인이니까 나와 똑같은 것을 시킬 수는 없어요. 그래도 일단은 알려 줄 필요가 있다고 믿기에 1년 동안은 여기저기에 일을 도우러 보내고 청소도 시키기로 한 겁니다. 이건 결코 시간 낭비가 아닙니다. 받아들이는 사람의 태도에 따라 다르겠지만, 충분히 효과가 있을 겁니다.

09

적극적으로 나서서
흡수하라

아무리 생각해도 답이 나오지 않는 것이 있습니다.

그러나 뜻있는 사람은 찾아다니며 묻고 가르침을 구해

결국에는 답을 찾아냅니다.

적극적으로 나서서 배우십시오.

남이 알아서 가르쳐 줄 거라고 생각해서는 안 됩니다.

좀 더 스스로 생각을 해야 해요. 스스로 생각하는 자세를 갖지 않으면 아무것도 못 합니다.

아무리 생각해도 답이 안 나오는 것도 있지요. 하지만 당장은 답이 나오지 않더라도 발품을 팔아 돌아다니며 물어보는 등 방법은 얼마든지 있습니다. 뜻이 있다면 말이지요. 하지만 뜻이 없으면 안 됩니다. 저쪽에서 먼저 찾아와 주지는 않거든요. "이렇게 하면 돼."라고 말해 주는 사람은 아무도 없으니까 틈을 내서 여러분이 찾아가 가르침을 구해야 해요. 그런 자세가 되어 있느냐 아니냐가 큰 차이를 만들어 내는 것입니다.

자신이 적극적으로 나서서 마치 스펀지처럼 흡수해야 합니다. 흡수하겠다는 의지를 강하게 발동시켜야 해요. 누가 가르쳐 줘서 익히는 것이 아니라 자신이 능동적으로 흡수해야 하는 것이죠. 배우겠다는 의지만 있으면 방법은 얼마든지 있습니다. 가만히 있으면 아무도 가르쳐 주지 않습니다. 다시 한번 말하지만, 자신이 능동적으로 물어보러 가야 합니다.

그러니 의욕이 없으면 곤란합니다. 이제 여러분은 누가 가르쳐 줘서 배우는 나이가 아닙니다. 스스로 앞장서서 배우러 가야지요. 앞으로도 누군가가 가르쳐 주는 것만 배우려고 생각하고 있다면 그건 크나큰 오산입니다.

10

운명을 걸라

비관하거나, 생각한 대로 되지 않거나,

방황할 때도 있습니다.

그럴 때 '이제 길은 이것밖에 없다'라는 각오로

운명을 걸 수 있느냐, 없느냐가

성공과 실패를 가르는 분수령이 됩니다.

미야모토 무사시가 어떤 사람이었는지 잘은 모르지만, 책에서 읽은 바로는 그림도 그렸더군요. 그가 그린 그림이 중요 문화재로 지정되었지요. 참으로 그림을 잘 그리는구나 싶었어요. 중요 문화재가 되었으니까 그렇게 생각했는지는 몰라도, 그만큼 그의 그림 솜씨는 훌륭합니다.

그런데 미야모토 무사시는 그림뿐만 아니라 칼 솜씨도 뛰어났지요. '검성劍聖'으로 불렸을 정도입니다. 하지만 누구에게 검을 쓰는 법을 배웠는가 하면 그렇지 않습니다. 스승은 없었어요. 미야모토 무사시는 스스로 수련해서 터득했습니다.

그러니 여러분도 누군가가 "당신의 스승은 누구요?"라고 물으면 "스승은 없소. 내 스승은 바로 나요."라고 대답할 수 있어야 합니다. "그거 누가 가르쳐 줬소?"라고 물으면 "나는 스스로 배웠소, 다른 숙생들도 다 마찬가지요."라고, "모두가 교대로 선생이 되고 제자가 되면서 오늘을 만들었소."라고 말할 수 있어야 합니다.

정치든 경제든 그 밖의 문화적인 것이든 미야모토 무사시처럼 수행해야 합니다. 그는 수행했습니다. 종소리를 듣고는 바람이 불어왔음을 알고, 그 종소리에서 무엇인가를 터득했지요. 그저 '아, 바람이 불어서 춥구나.'라고만 생각하지는 않았습니다.

훌륭한 사람은 그런 것을 압니다. 일류 대장이나 군사는 전쟁터에서 하늘을 나는 새의 무리가 흩어지는 것을 보고 '저기에 무엇인가 숨어 있구나, 그곳에 복병이 있구나' 하고 알아채는 법입니다. 거기로 가면 기습을 당하니까 피해서 지나갑니다. 그런 것을 누가 가르쳐 주지 않아도 깨달을 만큼 머리가 민감하게 돌아가야 하는 겁니다. 반면에 아무런 생각 없이 그곳을 지나간다면 복병의 기습을 받고 큰 피해를 입고 말겠지요. 그런 사람은 대장을 맡아서는 안 됩니다. 싸움에 질 수밖에 없으니까요. 저쪽에서 날아오던 새들이 갑자기 놀라서 흩어진다, 왜 놀랐을까, 아래에 무엇인가가 있기 때문이다, 만약 저 아래 칼이나 창을 들고 갑옷을 입은 사람이 있다면 깜짝 놀랄지도 모른다, 여기서는 보이지 않지만 새처럼 위에서 날면서 보면 그곳에 복병이 있는 것을 알 수 있다,이렇게 생각할 수 있어야 합니다. 꼭 전쟁터가 아니더라도 우리의 일상생활이나 활동 속에서 이와 비슷한 경우는 얼마든지 있을 수 있습니다. 그것을 알아채지 못하면 실패합니다. 그런 사실을 명심해야 합니다.

미야모토 무사시라는 사람한테는 스승이 없었습니다. 그런데도 '검성'이라고 불리게 되었지요. 그는 어떤 스승의 문하에 들어가지도, 공부하지도 않았어요. 스스로 검술을 습득했어요. 자신의 힘으로 터득한 겁니다. 그러니까 여러분도 미야모토 무사시의 정신을 따라서 스스로 연구하고 궁리하십시오. 그래서 자기 분야에서 미야모토 무사시 같은 사람이 되십시오. 만약 정치를 해야 한다면 미야모토 무사시 같은 정치가가 되십시오. 전 세계 사람들이 이렇게 하면 좋은, 이렇게 하면 사람들의 행복을 약속할 수 있는 신조를 발견해서 발표하는 겁니다. 그런 완벽한 것까지는 아니더라도 현재로서는 이것이 가장 완성도가 높다고 생각되는 논문을 썼다면 그것을 발표하면 됩니다. 아주 간단하지요? (웃음) 불가능한 일은 아닙니다.

아무런 기술도 없고 학교에도 다니지 못했던 내가 마쓰시타 전기(현 파나소닉)를 만들었을 때 자본금은 100엔이었습니다. 그랬던 것이 어느 사이엔가 오늘날의 마쓰시타 전기가 되었지요. 만약 그때 내가 회사를 지금의 마쓰시타 전기 같은 규모로 키우겠다고 말했다면 모두 웃었을 겁니다. 하지만 시간이 지나니 이렇게 성장했습니다. 그러니 세상에 불가능한 일은 없어요. 다만, 내가 성공할 수 있었던 건 처음에 이걸 하자고 마음먹고 그 뜻을 바꾸지 않았기 때문입니다. 65년 동안 장사를 한 번도 그만두지 않았어요. 오로지 이 길만을 달려왔지요. 돈이 없어 어려움에 빠졌을 때도 조금도 망설임 없이 달려왔습니다. 그 결과 오늘날의 마쓰시타 전기가 된 것입니다. 물론 비관하거나, 생각처럼 일이 되지 않거나, 방황할 때도 있었습니다. 하지만 일단 장사를 시작한 이상 길은 이것밖에 없다는 생각으로 운명을 걸었던 것입니다.

11

성공의 비결을 터득할 때까지
포기하지 말라

한 가지 분야에서 성공하면
모든 분야에서 성공할 수 있습니다.
그러지 못한 사람이 조급하게
많은 분야에 손을 댄들 성공하기 어렵습니다.
먼저 한 분야에서 성공의 비결을 터득할 때까지
노력을 멈추지 마십시오.
사명감과 기력, 이 두 가지가 없다면
진정한 성공은 없습니다.

한 가지 길에서 경영의 비결을 터득한, 이른바 명인의 경지에 오른 사람은 무슨 일을 하든 반드시 성공하기 마련입니다. 근본에 자리한 사고방식은 같으므로 한 가지 분야에서 성공하면 모든 분야에서 성공할 수 있다고 생각해도 무방하지요. 거꾸로 말하면, 한 가지 분야에서 성공하지 못한 사람이 눈앞의 이익을 좇아 이 분야 저 분야에 손을 댄들 결코 성공하지 못한다는 뜻입니다.

인생도 마찬가지입니다. 여러분도 먼저 자신이 선택한 길에서 성공의 비결을 터득할 때까지 노력을 멈추지 않도록 하십시오. 한 가지 성공의 비결을 터득하면 어떤 일을 해도 성공할 수 있습니다. 사명감과 기력, 이 두 가지가 없으면 훌륭한 경영을 할 수 없습니다. 이는 다른 모든 일에서도 마찬가지입니다.

12

인간의 본질을
알라

인간은 서로를 키운다고 생각하면 됩니다.
그러므로 성공하고 싶다면 먼저
'상대방의 본질'을 아는 것,
즉 '인간이란 이런 존재다.'라는 것을
아는 것부터 출발해야 합니다.

양치기가 양치기로서 성공하려면 양이 지닌 성격, 그러니까 양이 가지고 있는 성질과 품성을 잘 알아야 합니다. 양치기가 양을 개와 같은 동물이라고 생각하면 실패할 수밖에 없지요. 이런 먹이를 좋아하고 이런 먹이는 싫어한다는 것부터 시작해서 넓은 범위에 걸쳐 양의 성질을 연구해 양의 본질을 철저히 파악해야 합니다. 그래야 비로소 양치기로서 성공할 수 있습니다.

한편, 우리 인간은 서로가 서로를 성장시키는 존재입니다. 여러분이 나를 성장하게 하고, 나는 여러분을 성장하게 하는 것입니다. 그러므로 인간이란 어떤 존재인가라는 인간의 본질을 몰라서는 곤란합니다. 정치 역시 마찬가지입니다. 인간의 본질을 알았을 때 비로소 정치가 정치로서 성공할 것인가 실패할 것인가를 알 수 있습니다. 인간을 원숭이와 같은 존재라고 생각한다면 결코 성공하지 못합니다. 인간은 원숭이와 다르다, 인간은 이렇고 원숭이는 저렇다는 생각 속에서 서로를 잘 성장시켜야 합니다.

회사를 경영할 때도 마찬가지입니다. 직원들도 사람이니까 리더로서 경영에 성공하고 싶다면 인간이란 어떤 존재인지 본질을 잘 알아야 하겠습니다.

여러분은 대학에서 인간에 대해 연구했습니까?

3장

매일 조금씩이라도
성장을 추구하라

일 분을 충실하게 살면 한 시간을, 한 시간을 충실하게 살면 하루를,

하루를 충실하게 살면 한 달을, 한 달을 충실하게 살면 일 년을,

일 년을 충실하게 살면 평생을 충실하게 살 수 있다.

그 어떤 것도 버려지는 것은 없다.

13

그날그날을
충실히 살라

인간은 커다란 운명의 흐름 속에서 살고 있습니다.

그 흐름을 순순히 따르려면

먼저 그날그날을 충실히 사는 것이 중요합니다.

인간이란 알 수 없는 존재입니다. 계획대로 하려고 해도 뜻대로 되지 않거든요. 세상 사람들은 나더러 굉장히 계획성이 있다고, 참 대단하다고 말하지만 사실은 나도 모르는 사이에 이렇게 된 것입니다. 그래서 너무 걱정할 필요는 없다고, 그날그날을 충실히 살다 보면 다 잘될 거라고 믿고 있습니다.

그러니까 세상일은 자기 뜻대로 진행되는 것이 아니라는 말입니다. 커다란 운명이랄까, 흐름을 따라 흘러가는 것이지요. 그 흐름에 순순히 몸을 맡겨야 합니다. 운명에 맡기지 않고 "이렇게 해서는 안 된다."라고 하거나, "이런 식으로 하면 내 성에 차지 않는다."라며 고집을 부리면 점점 더 어려워지기만 합니다.

14

방황할 만큼
방황하라

방황할 만큼 방황해도 됩니다.

광명이 보일 때까지 방황하며 공부와 연구를 계속하십시오.

그 방황이 클수록 위대한 것이 탄생할 것입니다.

그러나 방황하지 않아도 되는 것에는

절대로 방황하지 마십시오.

방황할 만큼 방황해도 괜찮습니다. 다만, 방황하다가 길을 잘못 들어서는 안 됩니다. 방황하는 동안에는 가만히 있으면서 광명이 보일 때까지 그 상태로 공부하면 됩니다. 언젠가 광명을 발견해서 결심을 하고, 그다음에 공부를 시작해도 늦지는 않습니다.

지금은 아직 방황해도 됩니다. 방황을 거듭해서 피골이 상접할 정도가 되어도 괜찮습니다. 계속해서 순조롭게 풀리기만 하면 고생하는 보람이 없는 법이지요. (웃음) 그러니까 방황할수록 위대한 것이 탄생하는 법입니다. 하지만 방황하지 않아도 되는 것을 방황해서는 안 됩니다. 그리고 자신의 감정에 사로잡혀서도 안 됩니다. 마음이 순수하지 못하면 그렇게 되어 버립니다. 이 점을 잘 생각해야 합니다.

15

흐름에
순응하라

"두견새가 울지 않으면
그 또한 어떠리."라는 마음으로
일에 임하십시오.

마쓰시타 정경숙의 한 숙생이 내게 물었습니다.

"일본의 전국 시대에 오다 노부나가와 도요토미 히데요시, 도쿠가와 이에야스라는 세 인물이 있었는데요, 이 셋 중에 누가 가장 강하다고 생각하시며 또 호감을 느끼십니까?"

숙생은 곧바로 두 번째 질문을 던졌습니다.

"사실인지 아닌지는 알 수 없지만, 그 세 명의 서로 다른 성격을 나타내는 두견새 일화로 노부나가는 '두견새가 울지 않으면 죽여 버리리라.', 히데요시는 '두견새가 울지 않으면 울게 하리라.', 이에야스는 '두견새가 울지 않으면 울 때까지 기다리리라.'라는 유명한 말이 현재까지 남아 있습니다. 마쓰시타께서는 '두견새가 울지 않으면….' 다음에 어떤 말을 이어서 하고 싶으십니까?"

나는 두 번째 질문에 먼저 답했습니다.

"두견새가 울지 않으면 그 또한 어떠리.'라고 했을 것이네."

그러자 숙생이 다시 물었습니다.

"그러면 첫 번째 질문은 어떻습니까? 한 시대의 획을 그은 세 인물 중에 마쓰시타께서 본받고 싶으신 인물은 누구입니까?"

숙생의 질문에 나는 이렇게 답했습니다.

"나 개인적으로는 이에야스네."

16

모든 것이
활용되고 있다

이 세상에서는 모든 것이
역할에 맞게 활용됩니다.
인간의 지혜가 진보하면
그것은 언젠가 실현될 것입니다.

모든 것은 역할에 맞게 활용되고 있으며, 활용할 수 있다는 사고방식을 가져야 합니다. '폐물 이용'이라는 말이 있지만, 세상에 무조건 폐물인 것은 없습니다. 이용할 방법을 모르니까 폐물이라고 하는 것이지요.

인간의 지혜가 좀 더 진보하면 지금은 다루지 못하는 것도 언젠가는 다룰 수 있게 될 것입니다.

4장

소지관철 素志貫徹 ―
길을 개척하기 위해

올바른 뜻을 세웠거든 끝까지 그 뜻을 굽히지 말라.

목표를 이루기 위해서는 어려운 일을 겪어야만 한다.

결코 뜻을 굽히지 말고 고생을 삶의 보람으로 삼으라.

그러면 반드시 길은 열린다.

17

초지일관하며
살라

한 가지 일을 초지일관 밀고 나가는 것은
어려운 일이지만 매우 효율적입니다.
마음에 들지 않는 일이라 해도
마음을 단단히 먹고 몰두하십시오.
초지일관하면 길은 열립니다.

나는 오늘까지 90년 가까운 세월 동안 많은 사람을 봐 왔습니다. 그중에는 하던 장사를 도중에 그만두고 다른 장사를 시작한 사람도 있었는데, 역시 어려움이 있어도 도중에 그만두지 않고 초지일관한 사람이 성공하더군요.

그런 점을 미루어 보면 한 가지 일을 초지일관 밀고 나가는 것은 매우 어렵지만 가장 효율적인 방법인 것 같습니다. 이것도 맞지 않고 저것도 맞지 않는다며 계속 바꾸는 사람이 있습니다. 물론 그러다가 운 좋게 성공하기도 하지만, 대개는 실패합니다. '이 일은 나와는 맞지 않아.'라는 느낌이 조금 들더라도 그만두지 않고 열심히 노력하는 것이 좋습니다. 그러면 마음에 들지 않던 일도 좋아지고 점점 신용도 쌓여서 나중에는 도저히 그만둘 수가 없게 되거든요. 죽이 되든 밥이 되든 이 일밖에 없다고 마음을 단단히 먹게 되지요. 그런 사람이 성공하는 것입니다.

그러니까 내 경험으로 말하자면, 처음에 품었던 뜻을 쉽게 바꾸는 사람은 실패할 확률이 높습니다. 초지일관하는 사람이 성공할 확률이 높다고 할 수 있습니다.

18

걱정하기 위해
살라

사장은 걱정하기 위해 존재합니다.

그것이 운명이고 숙명이며,

나아가서는 삶의 보람이라고 생각하지 않는다면

그만두는 편이 좋습니다.

사람들은 "마쓰시타 씨, 정말 크게 성공하셨군요."라고들 하지만, 나 자신은 매일 속을 태우고 이래서는 안 된다고 말하고 생각합니다. 사실은 그런 일희일우一喜一憂의 연속이 진짜 내 모습입니다. 옆에서 보면 '정말 사업이 잘되는구나.', '신문을 보니 이익이 엄청나던데, 상품이 잘 팔리나 봐.' 싶지만, 실상을 들여다보면 여기저기에 문제를 안고 있답니다. 이것이 인생이지요.

　　그러니까 사장직은 어떤 회사에서든 가장 걱정을 많이 하는 자리입니다. 저녁을 먹으려 해도 가슴이 답답해서 밥이 들어가지 않고 먹어도 맛을 모르는 상태가 계속될 때도 있습니다. 못 해 먹겠다는 생각이 들기도 합니다. 하지만 그게 사장이라는 자리입니다. 말하자면 사장이라는 자리는 걱정하기 위해 존재하는 것입니다. 걱정하는 것이 싫다면 사장을 그만두면 됩니다.

마쓰시타 전기가 점점 커져서 이제 나는 사장도 아니고 회장의 자리에서 물러나 상담역이 되었습니다. 그래도 실제로는 내가 만든 회사니까 영원히 사장이라고 생각합니다. 그러니까 1초도 안심하지 못하고 걱정 또 걱정하는 것은 내 운명이고 창업자의 숙명이라고 받아들이는 것이죠. 그리고 그 걱정이 내 삶의 보람이라고 여깁니다. 내가 아무런 걱정 없이 회사가 잘 경영되고 있다면서 안심한다면 내 삶의 보람은 사라지는 것입니다.

못 해 먹겠다고 생각할 때도 있습니다. 하지만 걱정이 있기 때문에 삶의 보람이 있다, 내가 걱정하기 때문에 마쓰시타 전기는 안전하다, 보람이 있으니 안전하다고 마음을 고쳐먹곤 합니다. 그리고 나는 여기에서 도망칠 수 없다, 죽으면 벗어날 수 있겠지만 죽기 전까지는 사장이라는 이름을 버려도, 회장이라는 이름을 버려도 상담역이라는 이름이 있는 이상 걱정에서 벗어날 수는 없음을 깨달았습니다. 깨달았다고 하면 이상할지 모르지만 그렇게 생각할 수밖에 없습니다. 또 그렇게 생각하니까 이 약한 몸으로

버틸 수 있는 것이고요. 안 그랬으면 벌써 옛날에 죽었을 겁니다.

그러니까 걱정이 있는 사람에게는 삶의 보람이 있습니다. 하는 일마다 술술 풀린다면 삶의 보람이 없어집니다. 그러니 스스로 삶의 보람을 만들어야 하는 것입니다. 개인에게 고민이 있다는 것은 좋은 일입니다. 일이 잘 진행되고 있다는 증거거든요.

19

고생과
삶의 보람

무슨 일이든 자신의 뜻대로
될 것이라고는 생각하지 마십시오.
참고 고생하는 것이 당연하다고 받아들이십시오.
그 고생은 언젠가 삶의 보람이 될 것입니다.

나도 개인적으로는 재미없다, 귀찮다는 생각이 들 때도 많습니다. 어려운 처지에 놓일 때도 있습니다. 그럴 때면 '지금 이 순간에 삶의 보람을 찾자.'라고 생각하며 꾹 참고 일합니다.

여러분도 무슨 일이든 자신의 뜻대로 되지만은 않을 겁니다. 대략 절반 정도 뜻대로 되면 다행이고, 나머지 절반은 뜻대로 되지 않아도 참아야 합니다. 무슨 일이든 만족할 만한 결과가 나오는 것은 있을 수 없습니다. 원하는 것을 사기 위해 반드시 돈을 내야 하는 것과 마찬가지지요. 물건을 사면 돈을 내야 하지요. 요컨대 무엇이든 대가를 치러야 얻을 수 있습니다. 원하는 것을 얻기 위해 꾹 참아야 할 때도 있습니다. 만약 돈을 내기 싫으면 고개를 열 번 숙여야 합니다. 돈도 내지 않고 고개도 숙이지 않는다면 성공하지 못합니다. 어떤 상황이든 당당하게 받아들일 정도의 배짱이 없어서는 곤란합니다. 고생이라고 여기면 고생일 테지요. 하지만 고생으로만 그치지 않도록 하려면 그것을 삶의 보람으로 느낄 수 있어야 합니다.

스모 경기를 보면 승부는 불과 30초에서 1분 안에 끝납니다. 하지만 그 짧은 승부를 위해 선수가 얼마나 오랜 시간 동안 훈련하는지 아십니까? 매일 기진맥진할 때까지 훈련합니다. 그러지 않으면 1승도 할 수 없거든요. 그래서 괴로운 훈련을 꾹 참고 하는 겁니다. 견딜 수 없을 만큼의 고뇌를 견디며 경기장에 오르지요. 훈련을 하는 동안 부딪치고 구르고 부상당하기도 하지만 그 것을 보람으로 느낍니다. 그러니까 견딜 수 있는 것입니다. 보람으로 느끼지 않는 사람은 견디지 못하는 법입니다.

20 / 고생과
고난

고생과 고난이 없는 인생은 쓸쓸합니다.
그러므로 고생은 사서라도 하는 편이 좋습니다.
성공하고 나서 자신의 인생을 이야기할 때도
고생담이 있는 편이 좋겠지요.

우리가 봤을 때는 건강하고 남들만큼 배우고 남들만큼 지혜가 있으면 무엇 하나 부족한 게 없다고 할 수 있습니다. 그러니까 여러분은 행복한 사람인 셈입니다. 그렇게 생각해야 해요.

하지만 고생이 없는 인생은 쓸쓸합니다. 여러분의 일생을 통해 이러이러한 고생을 했다든가 이런 일로 어려움을 겪었던 적이 없으면 쓸쓸할 겁니다. 다소의 고생이나 방황 같은 것은 있는 편이 좋습니다. 요즘 세상에는 밥을 먹고 살 수 있느냐 없느냐로 걱정할 필요가 없지요. 이 정경숙에 있는 동안에도 적당히 먹고 적당히 공부할 수 있으며 아무런 고생도 하지 않을 수 있습니다. "아닙니다. 저희도 고생하고 있습니다."라고 말할지 모르지만, 그건 자기 멋대로 고생하는 것이지요. (웃음) 하지만 어찌해야 할지 막

막혔던 적이 어느 정도는 있었던 편이 나중에 인생을 빛내어 줄 장식이 생긴 것 같아 좋을 겁니다. 너무 밋밋해도 재미가 없거든요.

옛날에 내가 어렸을 때는 고생은 사서라도 하라고 했습니다. 돈을 내고 사서라도 하라고 말할 정도로 고생이라는 것이 필요하다는 뜻입니다. 성공하고 나서 자신의 인생을 이야기할 때도 중요하고 말이지요. 너무 무사안일하게 살면 후일담이 없어요. 값진 후일담이 있는 인생을 위해 어느 정도의 고생은 사서라도 해야 합니다. 만약 여러분이 그렇게 생각하고 있다면 더는 말할 필요가 없습니다. 아까 여러분의 답변을 들어 보니 걱정은 접어 두어도 될 것 같군요.

올바르게 생각하면
반드시 목적을 이룬다

지금처럼 성공하기 쉬운 시대도 없습니다.

단숨에 성공을 거둘 수도 있지만, 그만큼 실패하기도 쉽습니다.

그러므로 먼저 생각하십시오.

올바른 생각이라면 반드시 목적을 이룰 수 있습니다.

목적을 이루지 못한다면 다른 누군가의 탓이 아니라

자신에게 잘못이 있어서라고 생각해야 합니다.

여러분이 이런 것을 하고 싶다고 생각하면 그 생각은 98퍼센트 이룰 수 있습니다. 하지만 생각하지 않고 이룰 수는 없어요. 그건 무리입니다. 생각한다 하더라도 좀처럼 이룰 수 없을 때도 많으니까요. 하지만 이건 반드시 이루겠다, 틀림없이 할 수 있다는 신념이 있으면 대부분 이룰 수 있습니다. 생각한 것은 반드시 이루어집니다. 이것은 내 인생을 되돌아봤을 때 여러분에게 분명히 말할 수 있습니다.

나는 대체로 내가 생각한 것은 이루어 왔습니다. 지금까지 생각한 것을 이루지 못한 적은 거의 없었어요. 마음만 먹는다면 요즘처럼 성공하기 쉬운 시대도 없습니다. 일본의 도쿠가와 시대에는 에도의 소문이 규슈까지 퍼지는 데 한 달이나 걸렸지만 요즘은 한순간이지요. 이와 같이 성공도 한순간이면 이룰 수 있어요. 그 대신 한순간에 실패할 수도 있지만요. 뜻있는 사람에게 오늘날만큼 좋은 시대는 없지요.

50년 전과 지금을 비교하자면, 그때는 10년이 걸렸던 것도 지금은 순식간에 할 수 있습니다. 미국에서 어떤 새로운 시도를 하고 '좋았다'고 발표만 해도, 그 소식은 금세 전 세계로 퍼져나가니까요. 우리 회사에서도 이런 것을 발명했다고 발표하면 그날 바로 전화가 옵니다. "이런 발표를 하셨다는데 사실입니까?"라고 말입니다. 그래서 "맞습니다."라고 대답하면 "그렇다면 저희에게 권리를 나눠 주십시오."라고 요청하지요. 도쿠가와 시대였다면 이런 일은 불가능했을 것입니다. 그러나 지금은 불가능한 일은 거의 없다고 생각해도 무방합니다. 순식간에 알려지고 순식간에 성과가 오르는 것이 요즘 시대예요. 따라서 이를 살리지 않으면 곤란합니다. 그것을 활용하고자 하는 의지가 확고해야 합니다.

성공하기 쉬운 시대라는 것은 뜻이 있는 사람에게 참으로 고마운 시대라는 말입니다. 앞서 말했듯이 생각한 것은 반드시 이룰 수 있어요. 하지만 생각하지 않은 것은 이룰 수 없지요. 그러니 생각을 해야 합니다. 이런 식으로 하겠다고 여러분이 생각해야 하는 것이죠. 내 경험에 비추어 장담하건대, 생각 자체에 잘못이 없다면 달성할 수 있습니다.

다시 말하지만 요즘만큼 성공하기 쉬운 시대는 없습니다. 그런데 성공하기 어렵다, 자신이 생각한 바를 이루지 못한다고 말한다면 그건 다른 누군가의 탓이 아니라 자신에게 잘못이 있기 때문입니다. 자기 자신에게 잘못이 있으니까 하고 싶은 것, 해야 하는 것, 할 수 있는 것을 이루지 못하는 겁니다. 그런데도 다른 사람을 원망하고 저주하거나 정치가 잘못됐다고 하는 것이죠.

그러니까 여러분은 개인적으로나 공적으로나 올바른 생각을 하면 반드시 이룰 수 있다는 신념을 가져야 합니다. 가장 중요한 것은 자신의 생각이 잘못되지 않았다면 반드시 성공을 거둘 수 있다는 사실입니다. 이것만큼은 이 자리에서 반드시 기억해 둬야 합니다.

22

승리에 대한
집념

장사는 승부입니다.

주문을 경쟁자에게 빼앗기면 지는 것이죠.

여기에서 승리하려면

먼저 승리에 대한 '집념'이 있어야 합니다.

내 경험에 비추어 말하자면, 역시 이기고자 하는 집념이 강한 사람이 최후의 승자가 됩니다. 90퍼센트는 그랬습니다.

나는 거의 매일 승부를 겨룹니다. 장사라는 것은 말하자면 승부라고 할 수 있으니까요. 우리가 승부를 겨루어 이기면 경쟁자의 장사는 한가해지지요. 이 주문이 어느 쪽으로 갈지 알 수 없다면, 주문을 많이 빼앗기면 지는 겁니다. 열심히 하면 주문을 따낼 수 있지요. 그러니까 역시 집념이 없어서는 안 됩니다. 승리에 대한 집념이 있어야지요.

이길지 질지
알 수 없을 때는

승부와 도박은 다릅니다.

반드시 성공할 수 있다고 확신해야 합니다.

해야 할 일이고 올바른 행동임을 믿으며 하십시오.

이를 위해 공부도 하십시오.

이길지 질지 알 수 없을 때는 차라리 하지 않는 것이 좋습니다. 이길지도 모르고 질지도 모른다면 해 봐야 안다고 말하는 사람도 물론 있습니다.

그러나 나는 지금이나 예전이나 그런 미덥지 않은 생각으로는 승부를 걸지 않습니다. 일단 시작한다면 반드시 성공한다고 확신하고 일해 왔지요. 이길지 질지 알 수 없는 위험한 도박은 결코 하지 않았습니다.

도박을 해 보지 않으면 모른다는 것은 쉽게 말해 자포자기와 다르지 않습니다. 무엇을 하든지 자포자기의 심정으로 일해서는 안 됩니다.

해 보지 않으면 모른다고 말하는 사람이 있는데, 나는 오랫동

안 경영을 하면서 해 보지 않으면 알 수 없는 일은 한 적이 없습니다. 반드시 해야 한다고 확신한 것만 했지요. 그러므로 그것이 올바른 행동임을 믿고 하는 것입니다. 이를 위해 공부도 해야 합니다. 그것으로 충분하다고 생각합니다.

5장

자주자립自主自立 _
지혜와 힘을
모으기 위해

열정 없이는 아무것도 안 된다.
열정을 가지고 매순간 최선을 다하면
절체절명의 순간이 오더라도 기필코 해결할 수 있다.
무엇보다 열정을 가진 사람은 매력적이고
그 매력에 다른 사람이 이끌리게 된다.

24

무슨 일이든
열정이 기본이다

무슨 일이든 열정이 기본입니다.

24시간 내내 머릿속에 일 생각이 가득하면

신기하게도 새로운 아이디어가 떠오르기 마련입니다.

아이디어가 떠오르지 않는다면 열정이 부족한 탓입니다.

기본은 열정입니다. 단순한 지식이나 잔꾀로는 불가능합니다. 사다리도 2층으로 올라가려는 생각이 없었다면 만들어지지 못했을 것입니다. 무슨 일이 있어도 2층으로 올라가고 싶다는 마음이 있을 때 비로소 사다리를 고안해 낼 지혜가 생기는 것이지요. 열정, 원하는 것, 바라는 것이 없으면 아무것도 나오지 않습니다.

도요토미 히데요시의 군사 타케나카 한베에竹中半兵衛는 원래 오다 노부나가와 대치하던 사이토 측의 군사였습니다. 그럼에도 히데요시는 성심성의를 다해 그를 자기편으로 끌어들였습니다. 열정이 있으면 남에게 머리를 숙이는 것도 어렵지 않으며 남을 설득할 수도 있습니다.

이 열정이 기본이 되면 끊임없이 생각하게 됩니다. 심지어 잠

자는 동안에도 생각을 하게 되지요. 나도 자는 시간을 줄여서 일해 왔습니다. 회사 창립 초기에 만든 상품 100가지 정도는 전부 내가 고안했습니다. 당시는 느긋하게 밥을 먹은 적도 없고, 잠을 잘 때도 머리맡에 연필과 종이를 준비해 두고 아이디어가 떠오르면 즉시 메모했습니다. 나중에 장사 전반을 아우르게 되면서 신상품을 떠올릴 여유도 없어졌지만, 24시간 내내 머릿속이 일 생각으로 가득했습니다. 그러면 신기하게도 여러 가지 새로운 아이디어가 떠오릅니다. 새로운 아이디어가 떠오르지 않는다면 그것은 열정이 부족하기 때문입니다.

필요에 쫓겨 다급해지면 자연스레 열정이 솟아납니다. 또 성실하고 순수한 마음으로 자신의 처지와 상황을 바라보면 감사하는 마음이 생기고, 이에 보답하려면 무엇을 해야 할지 알 수 있습니다. 그것이 사명감입니다. 부족한 것 없이 여유작작한 상태에서는 결코 열정이나 사명감이 생기지 않습니다. 다급함이 있어야 비로소 열심히 하게 됩니다. 이대로는 안 된다는 정신적인 절박감이 없으면 열정이나 사명감은 절대로 잉태되지 않는 법입니다.

25

요행을 바라서는
안 된다

인연은 곳곳에 있습니다.

인연을 구하면 모두 자신과 이어져 있음을

알 수 있을 것입니다.

실수해서 질책받더라도

그것을 '인연'이라고 생각하는 사람은 강합니다.

좋은 인맥에 기대어 뜻밖의 행운이나 요행을 바라서는 안 됩니다. 자기 손으로 이루어야지요. 리더에게 그런 능력이 없으면 다른 사람이 따르지 않습니다. 그러니 다른 사람이 나를 따르게 하려면 먼저 여러분의 본심을 내면에서 밖으로 드러내야 합니다. 모르는 사람을 붙잡고라도 이야기하고 친구로 삼으면 됩니다. 설령 싸우더라도 그 싸움으로 인해 나를 지지하게 될지도 모르니까요.

그러니까 인연은 곳곳에 있습니다. 인연을 구해 나가면 전부 여러분과 이어지고 곁에서 응원해 줄 사람을 얼마든지 만들 수 있습니다. 처음에는 혼자서 시작하면 되지 않나요? '오늘부터 하자.'라고 생각하면서 시작하는 것이지요. 그리고 사흘이 지나면 응원하는 사람이 한 명 생기고, 열흘이 지나면 두 명이 생길 것입니다. 그러다 보면 나를 지지해 줄 사람이 어느덧 구름처럼 늘어나겠지요. 그렇게 되어야 하는 것입니다. 그저 요행을 바라서는 안 돼요.

'천 리 길도 한 걸음부터.'라는 말이 있지 않습니까? 그 정도의 마음가짐이 없으면 천 리나 되는 먼 곳까지 가지는 못할 겁니다. 하지만 한 걸음 한 걸음 나아가면 언젠가는 도착할 수 있지요. 가슴에 품은 뜻만 변하지 않으면 반드시 갈 수 있습니다. 그러니 걱정할 필요는 전혀 없습니다. 여러분이 걱정하면 모두가 걱정할 겁니다. '나는 걱정하지 않는다, 나는 나라를 위해서 일한다, 나를 응원하지 않는 사람은 손해를 보는 것이다….' 이렇게 생각해야 합니다. 무엇인가 줄 것이 있어야 하는 거죠. 지금은 줄 수 있는 것이 없더라도 미래에 내가 이 나라를 이렇게 발전시켰다는 복안이 있다면 무한한 자산을 가진 셈이 되지요. 그러니 나는 많은 것을 가지고 있다고 알려 주면 됩니다.

그러니까 혼자라고 생각하지 마십시오. 이 나라에 있는 모두를 친구로 만들 수 있습니다. 여러분이 하기 나름입니다. '내가 하기에 따라서는 모두가 내 편이 되어 줄 것이다, 내 편이 되어 주지 않는 일은 없을 것이다.' 이 정도의 신념을 가지고 일해야 합니다.

괜찮습니다. 어쩌면 일이 잘 풀리지 않을 때도 있겠지요. 반대에 부딪힐 때도 있을 겁니다. 그것도 인연입니다. 내가 장사를 하던 시절에도 처음부터 모두가 단골이 되어준 것은 아니었습니다. 어떤 곳에서는 "이번 상품은 잘 팔리질 않네요."라며 반품하기도 했고, 불량품이라며 화를 내는 일도 있었습니다. 물론 일부러 불량품을 준 것은 아니었습니다. 우연히 불량품이 섞여 나간 것뿐이지요. 그렇다 해도 거래처 입장에서는 당연히 화가 날 수밖에 없었을 것입니다. 하지만 혼이 나면서도 '이건 인연이다, 거래처가 화를 내는 것은 그만큼 우리를 생각해 주기 때문이다.'라고 받아들이고 그 사람의 마음을 사로잡았습니다. 그것이 오늘날의 마쓰시타 전기를 이룩한 것입니다. 불량품을 가져왔다며 화를 내던 거래처가 결국 우리 회사의 성공 기반이 되었습니다. 그런 일이 가능한 것입니다.

그러니까 여러분도 성심성의를 다해 호소한다면 어떤 형태로

든 반드시 원하는 바를 이룰 수 있을 겁니다. 걱정할 필요는 하나
도 없습니다. 여러분이 백 번을 말해도 귀를 기울이지 않는 사람
도 있을 겁니다. 하지만 그건 귀를 기울이지 않는 사람의 잘못이
아니라 여러분의 말솜씨가 어딘가 부족하기 때문입니다. 그것만
큼은 계속 공부하기 바랍니다.

26

말 한마디의
힘

성공하는 사람은 말 한 마디 한 마디가
상대방의 가슴을 파고듭니다.
게다가 그런 말이 자연스럽게 나오지요.
마음이 그대로 말로 표현되는 법입니다.

성공하는 사람의 말 한 마디 한 마디는 자연스레 상대의 마음을 파고듭니다. 의도하지 않아도, 마음에서 우러난 진심은 그대로 전해지는 법이지요. 따라서 그런 힘을 가지고 있느냐 없느냐가 중요합니다. 그런 힘을 가지지 못하면 아무리 노력해도 소용이 없어요. 어렵게 찾아온 기회조차 흘려보내는 사람은 참으로 불쌍한 사람입니다. 그런 불쌍한 사람이 되어서는 안 됩니다.

27

배수진을 친 사람은
강하다

배수진을 친 사람만큼 강한 존재는 없습니다.

'기어코 할 수밖에 없다, 이걸 못 하면 내일 죽는다.' 라는 각오의

마음가짐이 있다면 어지간한 일은 성취할 수 있습니다.

당시의 일은 나도 정확히 기억이 나지 않지만, PHP에 대해 처음 이야기했을 때 아무도 상대해 주지 않았습니다. 처음에는 아무런 반응도 얻지 못했던 것이지요. 하지만 사람들의 반응이 없다고 해서 그만둘 수는 없었기 때문에 계속해야만 했습니다.

내가 PHP 운동을 시작한 것은 일본이 제2차 세계 대전에서 패하고 모든 것을 잃었을 때였습니다. 경제는 무너지고 일거리도 돈도 전부 사라진 뒤였지요. 재산세를 징수하러 와서 조사해 보니 재산이 마이너스 700만 엔이더군요. 빚만 700만 엔이 있었던 것입니다. 그래서 재산세가 1엔도 부과되지 않았습니다. 그야말로 절체절명의 상황이었어요.

그때 나는 이렇게 최악일 수는 없다고 생각했습니다. 사냥꾼이

산에 가서 잡은 동물들은 모두 배가 가득 차 있었습니다. 영양실조에 걸린 동물은 없었지요. 그런데 사람들은 모두 굶주림에 시달리고 빈곤에 허덕이고 있었습니다.

당시 도쿄지방재판소의 판사가 법률을 지키고자 암시장의 물건을 사지 않는 바람에 영양실조에 걸려 죽은 사건도 있었습니다. 그만큼 비참한 시대였지요. 게다가 GHQ^{General Headquarters}(연합군 최고 사령관 총사령부)에서는 나를 재벌로 지정했습니다. 후에 이것은 착오가 있었던 것으로 밝혀지긴 했지만, 당시에는 참으로 나를 어렵게 했습니다. 그래서 이런 바보 같은 정치는 없다고 생각하게 되었지요.

나는 이렇게 외쳤습니다.

"번영^{Prosperity}과 행복^{Happiness} 그리고 평화^{Peace}는 분명히 우리 인간에게 원칙적으로 주어져 있는 것입니다. 그러니 여러분도 PHP 운동에 참여해 주십시오."

하지만 "PHP 운동에 참여합시다!"라고 목청을 높여 호소해도 아무도 참여하지 않았습니다. 모두 역 앞으로 가서 전단지를 뿌

렸지만, 누구 하나 받아 읽어 보는 사람이 없었습니다. 모두 배가 고팠기 때문에 음식을 나눠줬다면 순식간에 몰려들었겠지만, 전단지 따위에는 아무런 관심도 보이지 않았던 것입니다. 그래도 나는 그만두지 않았습니다. 그랬던 PHP 운동이 이제는 연구소까지 설립해 어느 정도 모습을 갖추었지요. 지금은 300명이 PHP종합연구소에서 먹고 살 수 있게 되었습니다.

결국 세상에는 해도 되는 일인지, 하지 말아야 할 일인지 분명치 않은 일들이 많지만, 그것이 옳다고 믿고 신념을 가지고 밀고 나가면 언젠가는 반드시 누군가는 그 가치를 인정해 줍니다. 성공을 확신하는 것도 좋지만, 성공한다고 확신할 수 없더라도 결국 해야만 하는 일이니까 실패하는 한이 있어도 하겠다고 마음을 굳게 먹어야 합니다. 나는 지금까지 대체로 그렇게 해 왔습니다. '실패하더라도 할 일은 이것밖에 없다, 이것을 하지 않으면 내일 죽을 것이다, 그렇다면 하는 수밖에 없다….'라고 생각했지요. 거창한 이상이 있었던 것은 아니지만, 기어코 할 수밖에 없으니까 했다는 것으로 동기는 충분하다 싶습니다.

배수진을 쳤을 때 인간은 가장 강해집니다. 하지만 여러분은 아직 배수진을 치지 않았습니다. 여유가 많지요. 만약 모두가 배수진을 칠 상황에 몰려서 일치단결한다면 천하도 손에 넣을 수 있을 것입니다.

6장

만사연수萬事研修 —
매사에
배우는 사람이 되기 위해

세상 모든 것이 스승이다.
작은 새싹 하나에도 우주의 진리가 담겨 있으니
사소한 행동에도 진심을 담아야 한다.
진심으로 상대를 이해하고 헤아릴 때,
비로소 그들이 당신의 편이 되어줄 것이다.

28

교훈은
곳곳에 있다

마음의 눈으로 보고 물으십시오.

그러면 여러 가지 답이 나옵니다.

세상에는 언제나 다양한 시각이 있음을 깨닫게 될 것입니다.

마음의 눈으로 보면 세상 곳곳에 배움과 교훈이 숨어 있습니다. 젊은 사원들에게 "저 소나무가 바람에 움직이고 있지? 저 움직임을 보고 무슨 생각이 드는가?"라고 물어봤을 때 "그렇군요. 바람에 움직이고 있습니다."라는 대답이 돌아온다면 나는 "그저 바람에 움직이고 있다는 대답으로는 안 돼. 낙제점이야."라고 말할 겁니다. 난 무엇을 느끼는지를 물은 거거든요. 답은 나도 모릅니다. 다만, 생각하고 느껴보기를 바라는 겁니다.

그러면 그중에는 조금 다른 대답을 하는 사람도 나옵니다.

"이와 같은 바람이라는 작용이 있으면 나무가 움직입니다.", "바람뿐만 아니라 이러이러한 작용이 있으면 나무가 움직입니다." 혹은 "바람이 불기 때문에 움직입니다."라고 말하는 사람도 있습니다.

　답이 세 가지나 나왔군요. 그러면 '이 사람은 이런 생각을 하고 있구나, 또 저 사람은 저런 생각을 하고 있구나.' 하고 알게 됩니다. 다양한 시각이 있음을 알게 되는 것이지요.

29

간단한 첫걸음부터
시작하라

무사는 앉음새를 바로 하는 것,

즉 '앉는' 것이 기본이었습니다.

일에도 의례가 있습니다.

인사나 청소는 업무 실적과는

언뜻 상관없어 보이지만

인간으로서의 기본이므로 매우 중요합니다.

어떤 일이든 기본은 복장이나 몸가짐을 바르게 하는 것입니다. 무사도 정신에서 비롯된 것인데, 옛날 무사의 기본은 '앉는' 것이었습니다. 즉 앉음새를 바로 하는 것이죠. 이와 마찬가지로 일에도 의례가 있습니다. 현재 아무리 실적이 좋고 순조로워도 결국은 그런 기본적인 것을 성실하게 하고 있느냐가 성공을 좌우합니다. 기업을 지탱하는 것은 결국 인간이므로 그 인간이 바로 서야 합니다.

나는 아홉 살에 센바 지역에 있는 가게에 수습 점원으로 들어가 엄하게 교육받았습니다. 아침 일찍 일어나서 세수하고 이웃 가게 앞까지 청소했는데, 청소를 제대로 하지 못하면 꾸지람을 들었습니다. 단골 거래처에 갈 때는 어떻게 고개를 숙여 인사하고 어떤 인사말을 해야 하는지까지 전부 배웠습니다.

"'안녕하세요. 날씨가 참 좋네요.'라고 인사하거라. 그리고 이렇게 말한 다음 이렇게 행동하고 마지막으로 이렇게 절을 하고 돌아와야 한다."

언뜻 실적하고는 아무런 관계도 없어 보이겠지만, 먼저 인간으로서 기본적인 부분을 키워 나가는 것이 중요합니다. 청소가 제대로 되어 있으면 일단은 안심할 수 있습니다.

이처럼 아주 간단한 첫걸음부터 시작해야 합니다. 기본에 충실한 조직은 반드시 성장합니다. 그러나 실제로 해 보면 간단한 것일수록 하기가 어렵습니다. 하나를 보면 열을 안다는 말이 있듯이, 기본을 철저히 하는 것이 중요합니다.

30

'보물'을
버리지 말라

싫고 괴롭더라도 해야만 하는 일이 있습니다.
이른바 '수행'을 버리는 것은
자기 손으로 '보물'을 버리는 셈입니다.

아무 말 없이 청소를 거르면 그것은 여러분의 게으름이 됩니다. 태만은 용서되지 않아요. 사실 그런 것을 철저히 하지 않으면 좀처럼 몸에 배지 않지요. '힘들어. 오늘은 정말 하기 싫어.'라고 생각해도 해야만 합니다. 무슨 일이 있어도 반드시 한다는 강한 마음가짐이 있어야 하는 법이지요. 마음이 내킬 때만, 날씨가 좋은 날만 해서는 수행이 되지 못합니다.

청소는 단순한 일이 아니라 하나의 수행입니다. 수행은 중요하지요. 수행을 소홀히 하는 것은 보물을 버리는 것이나 마찬가지입니다. 그런 태만은 경계해야 합니다. 무단으로 쉬면 벌금을 내게 해야 합니다. 5,000엔이면 5,000엔을 벌금으로 나한테 내는 것이지요. 말하자면 내 마음을 아프게 하는 데 대한 위자료입니다.

멋대로 청소를 쉬었다는 말을 들으면 기분이 좋을 수는 없어요. '이러면 곤란해. 이래서야 과연 제대로 돌아갈까?'라고 생각하게 되지요. 그러니 내가 걱정하지 않게 해 주십시오. 안 그래도 걱정이 많으니까 말이지요.

이미 지나간 일은 어쩔 수 없으니, 앞으로는 병에 걸려 열이 나도 청소하러 나올 정도의 열정이 있어야 합니다. 섭씨 37도가 평열이라면 체온이 37.5도 정도로 올랐다고 쉬어서는 안 됩니다. '좋았어, 오늘은 청소하러 가자. 0.5도 정도는 문제없어.'라고 생각하고 나오면 열도 내릴 겁니다. 나는 의무를 다했다, 규칙을 지켰다는 안도감에 0.5도 정도의 열은 금방 내리지 않을까요. 하지만 대충 하고 끝내려고 하면 열은 다시 오를 겁니다. 인간의 몸은 그렇게 정직하게 반응합니다. 그래서 어떤 일이든 진지하게 임해야 합니다. 절대 이유 없이 쉬어서는 안 됩니다. 정말 타당한 사정이 있다면 모를까, 그저 귀찮다는 이유로 빠지는 일은 허용되어선 안 됩니다.

한 명이 게으름을 피우면 모두가 게으름을 피우게 됩니다. 반대로 모두가 함께하면 자연스럽게 조화와 화목이 이루어집니다. 그러니 전체를 위해서 다소 무리를 하더라도 기꺼이 나서야 합니다. 나는 스무 살 때 급성 폐렴에 걸려서 피를 토하면서도 일을 쉬지 않았습니다. 혼이 나니까 쉬지 못한 것이 아니라 먹고살 수 없게 되니까 쉬지 못한 것이죠. 당시는 일급제였기 때문에 하루를 일하면 하루분의 일급을 받았습니다. 쉬면 먹고살 수가 없게 되는 겁니다. 그래서 조금 열이 나도 일하러 갔지요.

그래도 나는 여든다섯이 될 때까지 살고 있습니다. 원래대로라면 벌써 죽었을 테지요. 의사가 쉬어야 한다고 했는데 의사 말대로 하지 않았으니까요. 그래도 병세가 더 깊어지지는 않았어요. 참으로 다행스러운 일이지요. 정신력 덕분이라고나 할까요? 친구 중에 나보다 튼튼했던 사람들도 모두 죽고 나 혼자 남았어요. 이상한 일이지요?

나는 그런 경험을 했습니다. 보아하니 여러분은 병도 없는 것 같군요. 건강해 보여요. 그러니까 아무런 걱정하지 말고 꾸준히 수행하십시오. 그러지 못하면 아무것도 할 수 없어요.

31

'청소'를 통해
정치의 요점을 터득하라

무슨 일이든 일단 시작한 이상은
'혼'을 담아 몸에 익히십시오.
그러면 청소 같은 일상적인 일도
10년이라는 시간 사이에
커다란 차이가 생깁니다.
청소에서 경지에 이르면 정치도 이해하게 됩니다.

＊

도요토미 히데요시가 어떤 사람이었는지 잘은 모르지만, 이야기를 듣거나 소설을 읽어 본 바로는 처음에 노부나가의 짚신 담당이었다고 하더군요. 짚신 담당은 높은 신분이라고는 할 수 없지요. 굳이 따지자면 낮은 신분입니다. 하지만 그는 그런 천한 일을 아주 소중히 여기고 온 정성을 다했지요. 그러다 짚신을 처음 신으면 차가우니까 따뜻하게 덥혀 놓는 편이 좋겠다고 생각해서 짚신을 자기 품속에 넣었답니다. 그리고 노부나가가 오면 품속에서 꺼내 놓았어요.

그런데 짚신을 신은 노부나가는 짚신이 따뜻하니까 히데요시가 엉덩이로 깔고 앉았을 거라고 생각해 화를 냈답니다. 하지만 히데요시는 혼이 나면서도 불평하지 않았어요. 그 후로도 계속

짚신을 덥혀서 내놓았고, 나중에는 노부나가도 사실을 알게 되었지요. 엉덩이로 깔고 앉은 줄 알고 화를 냈지만, 사실은 자기 품에 짚신을 넣어서 덥혔다는 걸 말이죠. 그 정성이 결국에는 노부나가에게 통한 겁니다. '참으로 성의 있는 사내구나.' 하고 생각한 노부나가는 그 후로 히데요시를 점점 중요하게 썼고, 마침내는 자신의 오른팔처럼 여겼지요.

이처럼 아무리 단순한 일이라도 진심을 담지 않으면 안 됩니다. 모든 가치 있는 일은 바로 그런 진심에서 비롯되기 때문입니다. 청소도 계속 하다 보면 이런 청소 방법이 있다는 것을 알게 됩니다. 나무 사이를 청소할 때는 이런 식으로 하면 좀 더 빠르고 깨끗해지며 나무도 상하지 않는다는 것을 깨닫지요. 그런 것까지 생각하는 사람은 나중에 나무 전문가가 될지도 몰라요. 그러면 훌륭한 정원사가 될 수도 있지요. 여러분이 정원사가 될 리는 없지만, 아무리 재미없는 일도 일단 시작한 이상은 혼을 담아서 해야 한다는 뜻입니다.

문제는 과연 모두가 아침 청소를 30분 동안 성심성의껏 하고 있느냐입니다. 형식적으로 할 뿐이라면 아무것도 배우지 못해요. 성심성의껏 청소해 온 사람은 나무 사이를 청소하다가 나뭇잎이 떨어지는 것을 보고 이 나무는 병에 걸렸으니 물을 좀 더 줘야 한다는 것을 알게 되지요. 청소를 하면서 나무도 키울 수 있는 것입니다. 장사를 할 때도 이런 장사 방법은 좋지 않다, 나라의 장래를 위해서는 장사 방법을 바꿔야 한다, 그러려면 이 법률은 필요 없다, 이 법률이 있으면 오히려 방해가 되니까 법률을 바꿔야 한다, 그리고 나아가 이를 위해서는 정치가 이러해야 한다는 데까지 발상이 발전하는 것입니다.

즉 청소를 하는 과정에서 위대한 정치의 요점을 깨닫는 것이지요. 하지만 이렇게 하면 되겠지 하는 정도로만 하면 단순히 청소로만 끝나고 맙니다. 나는 청소를 하러 나오는 사람도 있고 나오지 않는 사람도 있다는 말을 듣고 그래서는 곤란하다고 생각했습니다. 그건 청소의 의미를 모르기 때문이거든요. 마쓰시타 정경숙에서 청소를 시키는 이유는 청소를 통해 정치의 바람직한 모습까지 깨달을 수 있기 때문입니다. 그래서 청소도 중요하다고 생각하는 것이지요.

여러분이 다른 일에 대해서도 이런 시각으로 바라보지 않으면 사고가 매우 얕아집니다. 깊은 생각을 할 수가 없어요. 그러니까 똑같이 청소를 해도 10년이 지나면 어떤 사람은 정치의 진수를 터득하는 반면에 또 어떤 사람은 단순히 청소만 하다가 끝나는 커다란 차이가 생기는 것입니다.

32

뼈저리게 느끼며
이해하라

장사하는 이들의 세금 고충을
뼈저리게 공감하고 이해할 수 있을 때,
살아 있는 정치를 할 수 있습니다.

실습을 위해 여러분을 소매점에 보낼 예정입니다. 소매점이 어떤 괴로움을 겪으며 일하는지, 얼마나 힘들게 돈을 버는지, 세금에 대해 얼마나 고통을 느끼는지 알 수 있을 겁니다. 그런 경험을 통해, '이런 방식으로 세금을 걷어서는 안 된다', '세금을 가볍게 징수해야 한다', '국비를 효율적으로 줄여야 한다'는 등, 정치가로서 진정 해야 할 일이 무엇인지 뼈저리게 깨닫게 될 것입니다. 뼈저리게 느끼며 이해하지 않으면 실용화되기는 어렵습니다. 그래서 여러분이 소매점의 실상을 직접 경험토록 하려는 것이죠.

이것은 정치가뿐만 아니라 실업가가 되려고 할 때도 마찬가지입니다. 소매상이 1엔, 2엔의 이익을 올리기 위해 얼마나 고심하고 노력하는지 직접 경험하기를 바라는 마음에서 두 달 정도 보내려 하는 것입니다.

국가는 그런 사람들이 모여서 성립되는 겁니다. 그런 사람들이 없으면 세상은 편리하게 돌아가지 않습니다. 소매상이 하는 일은 결코 하찮지 않습니다. 대기업은 소수에 불과하고, 세상을 움직이는 다수는 바로 이 소매상들입니다. 그들의 생생한 현실을 몸으로 겪어봐야 비로소 '아아, 그렇구나. 세상은 이런 곳이구나.' 하고 실태를 알 수 있습니다. 실태를 알아야 비로소 살아 있는 정치를 할 수 있다는 게 내 생각입니다.

33 /

접객의
기본

접객의 기본은 가려운 곳을 긁어 주는 것입니다.

고객의 입장에서 생각하고, 진심으로 만족을 주려는 마음이 없다면,

손님을 맞이할 자격도 없습니다.

접객의 기본은 가려운 곳을 긁어 주는 배려입니다. 연회장에 방석이 가지런히 놓여 있지 않다면, 손님이 오기 전에 위치를 바로잡아 놓는 정도의 배려가 있어야 합니다. 또 회의 석상에서는 자료 배부와 좌석 배열 등 모든 것을 손님의 관점에서 진정으로 만족할 수 있게 배려해야 합니다. 선물을 준비할 때는 받는 이가 만족스럽게 간직할 수 있는 것으로 고심해 준비해야 합니다.

이런 마음가짐은 거래처에만 국한되는 것이 아닙니다. 인간과 인간의 관계는 모두 거래처와의 관계라고 봐야 합니다. 회사를 예로 들면 경영자에게 직원들은 모두 단골손님이죠.

모두에게 만족을 주고 싶은 생각이 없다면 손님을 부를 자격은 없습니다.

34

사람의 마음을
헤아려라

사람의 마음을 헤아리는 법은 가르칠 수가 없습니다.

배우는 것이 아니라 스스로 깨달아야 합니다.

사람의 마음을 헤아리는 법이야말로

인생의 근간이며 가장 중요한 것입니다.

사람의 마음을 헤아리는 법을 아는 것은 매우 중요하지만 가장 어려운 일이기도 합니다. 사람의 마음을 헤아리는 법을 알면 천하도 잡을 수 있습니다. (웃음) 하지만 그것을 아는 사람은 적습니다. 좌충우돌하며 좌절하고 다시 일어서기를 반복하는 사이에 자연스럽게 터득하는 것이니까요. 즉 스스로 깨닫는 수밖에 없습니다. 이것은 배우는 것이 아니라 깨닫는 것입니다. 그래서 가르치려 해도 가르칠 방법이 없지요. 이러한 깨달음은 각자의 개성과 내면에서 비롯되는 것이기에 더욱 그렇습니다.

하지만 기본적으로는 배려라는 것이 필요합니다. 다른 사람에 대한 배려를 모르면 안 됩니다. 장관을 만났을 때는 어떤 식으로 대한다든가, 자동차 운전 기사에게는 어떻게 대응한다든가, 항상 그런 배려를 해야 하지요. 거기에 사람의 마음을 헤아리는 법이 있는 것이 아닐까요?

사람의 마음을 헤아리는 법을 알면 무엇이든 생각대로 할 수 있습니다. 가는 길에 장애물도 나타나지 않지요. 사람의 마음을 헤아리는 법을 모르니까 장애물이 나타나는 겁니다. 눈치가 빠른 사람들이 있는데, 그런 사람은 대개 '사람의 마음을 헤아리는 법'을 아는 이들입니다. 여성이 매력을 느끼게 하지 못하는 사람은 곤란해요. (웃음) 여러분은 어떠신가요?

으음, 장래성이 있군요. 사람의 마음을 헤아리는 법을 그 정도 아는 것만으로도 대단한 것입니다. 역시 많은 사람을 접하면서 여러 가지 일을 할 때 비로소 깨달을 수 있는 것이겠지요.

서비스라는 말이 있어요. 서비스란, 달리 말하면 불교에서 말하는 '자비'의 마음이지요. 자비심이 없으면 안 돼요. 서비스는 자비심에서 나오지요. 그런 자비심이 결여된 서비스는 장식품에 불과하며 진정으로 다른 사람을 움직일 수 없습니다. 아무리 사람의 마음을 헤아리는 법을 이해하고 실행한다 해도 진정으로 그것을 활용하려면 '자비심'이 있어야 합니다. 그것이 근간입니다. 하지만 여러분 말처럼 사람의 마음을 헤아리는 법을 아는 것은 인생에서 가장 중요한 일입니다. 큰일을 하려는 사람이라면 그것을 잘 파악해야 합니다.

35

오늘 하는 일을 잊지 말라

아무리 발전하고자 하는 욕구가 크더라도

오늘 자신이 한 일을 잊어서는 안 됩니다.

무엇보다 먼저 세상을 알고, 인간을 알아야 합니다.

그 깨달음은 언젠가 국가에 대한 사유로 이어집니다.

그 커다란 이상으로 향하는 과정 중

한 토막이 바로 '오늘'입니다.

지금 마쓰시타 전기는 세상에서 보기에는 대기업이지만, 이만큼 성장할 수 있었던 데는 나름의 요소가 있었습니다. 그 성장의 요소 대부분은 다른 사람에게서 배운 것이었습니다. 우리가 고안해 냈다기보다는 대부분은 교섭 상대나 재료 공급처 혹은 도매상, 판매점 같은 곳의 사람들과 교류하며 거래하는 과정에서 자연스럽게 배운 것이죠. 그것으로 오늘날의 마쓰시타 전기를 일궈 낸 것입니다. 말하자면 내가 주체가 되어 경영해 왔지만 실제로는 내가 고안했다기보다는 다른 많은 사람에게 가르침을 받아서 사원들과 함께 키워 온 것이라는 말입니다. 그렇게 사원들과 함께 키워 오는 과정에서 나도 모르는 사이에 오늘날의 마쓰시타 전기가 된 것입니다.

아무리 큰 뜻이 있어도 오늘 하는 일을 잊어서는 안 됩니다. 지금 나는 여러분이 장래에 일본이라는 나라를 좀 더 좋은 나라로 만들기를 기대하고 있지만, 그것이 100년이나 걸려서는 안 됩니다. 길어도 수십 년 정도여야지요. 그러려면 지금은 역시 숙생으로서 폭넓은 배움을 얻는 시간이므로 여기에 전력을 기울여 줘야 합니다. 그것이 소매점 실습이었던 것이죠. 다음에는 공장 실습을 보내고, 공장 실습이 끝나면 또 다른 여러 장소로 각자 실습을 보낼 계획입니다. 그렇게 해서 세상이 어떤 곳인지 깨닫게 하려는 것입니다. 세상은 이런 곳이고, 인간은 이런 존재라는 것을 생각하게 하려는 겁니다. 그리고 장래에 이런 나라를 만들겠다, 이런 식으로 나라를 발전시키겠다고 구상하는 겁니다. 그 과정의 한 토막이 바로 오늘인 것이고요.

그것을 착각해서 "미래에 이렇게 하겠다는 이상이 있으니 지금 이런 것을 하지 않아도 돼."라고 말하는 사람도 있는데, 그렇지 않습니다. 미래란 결국 오늘의 한 걸음 한 걸음이 차곡차곡 쌓인 결과이기 때문입니다.

36

감동을 주는 편지를
쓰고 있는가

상대방에게 감동을 주는 편지를 쓰고 있습니까?

형식적인 편지를 쓰고 있지는 않은가요?

감사 편지 하나에서도

차이가 생긴다는 사실을 잊지 마십시오.

여기에서 '인간관계'가 시작됩니다.

판매 실습에서 돌아와 감사 편지를 썼습니까? 보냈나요? 어떤 편지를 썼지요? 상대방이 감동할 만한 편지였나요? '이건 아무개 군이 보낸 편지군, 좋은 내용이야, 우리 사정을 이해했다니 정말 기쁘군.'이라고 생각할 만한 편지를 썼습니까? 혹시 형식적인 편지를 쓰지는 않았나요? 여러분이 보낸 편지를 읽고 '아아, 돌봐 준 보람이 있었어.'라는 생각이 들 정도로 썼나요?

　　여러분이 정말로 감격해서 편지를 썼다면 상대를 감동시킬 수 있을 겁니다. 형식적인 편지로는 아무것도 이루어지지 않습니다. 그런 데서 천하를 차지하는 사람과 천하를 망치는 사람이 갈리지요. 문제는 그겁니다. "마쓰시타 씨가 세운 정경숙의 숙생들은 참으로 훌륭해. 편지 한 장을 써도 다르다니까. 보통 사람들하고는

달라."라는 평가를 받는다면 그것으로 정경숙은 성공했다고 할
수 있습니다. 감사 편지 한 장에서도 이렇게 차이가 나는 것이지
요. 아무것도 아닌 듯하지만, 여기에서 인간관계가 시작됩니다.
문제는 그런 거예요.

　강연 하나를 듣고 크게 감동해서 자기 것으로 만드는 사람과,
똑같은 강연을 듣고도 흘려 넘기는 사람이 있습니다. 성공하는
사람들은 작은 이야기 하나도 놓치지 않고 적극적으로 활용하며,
매 순간 진심을 다해 사람의 마음을 움직입니다. 그래서 그들에
게는 일거수일투족이 모두 배움이 되고, 삶 전체가 곧 공부가 되
는 것입니다.

37 / 모든 것이
중요하다

자신에게는 재미없는 일이라도
세상에 도움이 될 수 있습니다.
필요 없는 일 따위는 하나도 없습니다.
이것은 사람도 마찬가지입니다.

세상에는 삶의 보람을 크게 느끼며 일하는 사람도 있고, 반면 옆에서 볼 때는 굉장히 좋은 일처럼 여겨지는데 정작 자신은 그렇게 생각하지 않는 사람도 있습니다. 자신이 하는 일은 재미없고 다른 사람의 일이 더 재미있다고 생각하는 겁니다.

하지만 이 세상에 불필요한 일이라는 건 없어요. 모든 일은 다 나름의 의미와 역할이 있습니다. 겉보기엔 단순해서 재미가 없는 것 같더라도 그 단순한 일이 사회에 큰 공헌을 하는 겁니다. 그런 관점에서 생각해 보면 단순한 일처럼 느껴져도 그 일을 하는 사람은 많은 사람에게 큰 기쁨을 주고 있는 것이지요. 또 자신의 생활도 충실해지고 말입니다. 여기에서 삶의 보람을 느끼면 됩니다. 이처럼 관점을 바꿔보면 보람을 느끼며 일할 수 있을 겁니다.

재미없어 보이는 일도 생각하기에 따라 이 세상에 매우 유의미한 일이라고 해석할 수 있습니다. 모든 것을 중요하게 생각해야 해요. 결점만 봐서는 안 됩니다. 전부 장점을 봐야 하지요. 삼라만상 그 전체가 우리에게 없어서는 안 되는 것이라고 여겨야 하는 법입니다.

"저 친구는 왠지 마음에 안 들어."라고 말하고 있다면 아직 부족합니다. 어떤 사람이든 "좋은 사람이야."라고 말할 수 있어야 합니다. "저 친구는 주는 것 없이 미워." 그렇게 말하고 싶은 사람이 한두 명쯤은 있지 않으신가요? 사실은 내게도 그런 사람이 있습니다. 하지만 그런 말을 해서는 안 됩니다. 어떤 사람이라도 '좋은 점이 있다'고 생각하며, 그 사람의 장점을 최대한 이끌어낼 수 있어야 합니다. 숙생 여러분은 그렇게 되도록 수련해 주십시오. 누구를 봐도 그렇게 보이도록 말입니다.

7장

선구개척先驅開拓 –
새로운 역사의 문을
열기 위해

선입견을 버려라.

지식 그 자체에만 얽매이지 말라.

눈은 미래를 보더라도

두 발은 현실에 단단히 디디고 있어야 한다.

그러면 누구보다 빨리 미래를 현실로 만들 수 있다.

38

자신의 힘으로
만들어 내라

뭐든 하겠다고 결심한 이상은
세계 최고를 목표로 삼으십시오.
세상의 상식은 필요하지만,
그것에 얽매여서는 큰일을 이룰 수 없습니다.

결국 중요한 것은, 학교에 가지 않더라도 해낼 수 있다는 강한 의지를 여러분 안에 갖추는 일입니다. 그런 확고한 의지를 지닌 상태에서 운 좋게 학교에 진학하게 된다면 물론 좋겠지요. 하지만 '학교에 가지 않으면 안 된다'거나 '학교에 가는 것이 당연하다'는 고정관념에 사로잡힌다면, 결코 큰 인물이 되기는 어렵습니다.

여러분이 마쓰시타 정경숙에 들어왔지만, 이곳에서는 아무것도 가르쳐 주지 않습니다. 그럼에도 불구하고, 여러분은 다른 어떤 곳과도 다른 무언가를 이곳에서 스스로 만들어내야 합니다. 여러분 자신의 힘으로 만들어 내는 것이죠. 내 손으로 국제 대학 같은 곳을 만들겠다, 사람들을 하나로 모으겠다는 식의 뜻을 품어야 합니다. 어디 가서 배우고 난 다음에 하겠다는 생각으로는 이미 늦습니다.

여기에서는 5년(현재의 연수 기간은 3년이다)이라는 긴 시간을 들여 공부합니다. 나는 이 5년 동안 여러분이 어떤 일을 하더라도 자립하여 살아갈 수 있고, 뛰어난 성과를 이뤄낼 수 있으며, 해외에 나가서도 성공할 수 있는, 그만큼 자주적이고 독립적인 정신을 지닌 사람으로 성장할 수 있도록 여러분을 이끌고자 합니다.

여러분은 이 정경숙에 들어왔을 때의 초심으로 돌아가 이 정경숙을 세계 최고의 정경숙으로 만든다, 나는 그런 책임을 안고 있다고 생각해야 합니다. 마쓰시타 정경숙을 나온 사람은 무엇을 해도 성공한다, 군고구마 가게를 운영해도 일본 최고의 군고구마 가게가 된다, 그런 뜨거운 열정을 품어야 한다는 말입니다. 저 학교가 좋다고들 하니 가고 싶다든가 친구들이 모두 이 학교가 좋다고 하니까 가고 싶다든가, 그런 식이어서는 곤란합니다.

39

지식에
얽매이지 말라

지금까지 해 온 것을 완전히 백지상태로 되돌리십시오.

지식에 얽매이지 말고 처음부터 다시 시작하십시오.

그러면 버린 지식도 의미 있게 작용하기 시작합니다.

너무 얽매이지 않는 편이 좋습니다. 완전히 백지상태로 되돌리는 것이죠.

지금 여러분은 스물셋이지요? 스물셋이 될 때까지 여러 가지 지식을 배워 왔을 겁니다. 그러니까 그것을 완전히 백지상태로 되돌리고 처음부터 다시 시작하십시오. 물론 처음부터 다시 시작한다고 해도 일단 배운 것은 사라지지 않지요. 몸에 배어 있으니까요. 하지만 그것에 얽매여서는 안 됩니다.

지식에 얽매이지 않고 경험만을 가지고 있으면 그것은 지혜의 힌트가 됩니다. 이익이 될지언정 손해 볼 것은 하나도 없어요. 지금까지 해 온 것이 쓸모없는 것이 되지는 않거든요. 하지만 지식에 얽매이면 경험은 오히려 무거운 짐이 되어 버립니다. 그러니까 과거의 지식은 버리는 겁니다. 버린다고 해도 일단 머릿속에 기억한 것은 지워지지 않고 남아 있으니까 의미 있게 작용하지요. 그러니 일단 전부 버리고 새로 시작하십시오. 그리고 그 과정에서 지금까지의 경험 중 정말 도움이 되었던 것들만 골라 활용해 나가면 되는 겁니다.

40

현실이
중요하다

100보, 10보, 1보 앞을 각각 보는 것이 중요합니다.
그러나 일단은 1보 앞을 봐야 합니다.

100보 앞을 보는 것도 중요합니다. 10보 앞을 보는 것도 중요하지요. 1보 앞을 보는 것도 중요해요. 이 세 가지 모두 똑같이 중요하기 때문에 어느 하나를 선택할 필요는 없어요. 그러니 세 가지 모두 알면 좋겠지요.

세상에서는 1보 앞을 보는 사람은 성공하고, 10보 앞을 보는 사람은 그다지 성공하지 못하며, 100보 앞을 보는 사람은 실패한다고 말합니다. 그건 현실이 중요하다는 뜻입니다. 분명히 선견지명이 중요하다는 점에서는 100보 앞을 보는 것이 유익하지만, 실제로는 1보 앞을 보는 것이 가장 정확합니다. 쌀통에서 쌀을 꺼내서 밥을 짓는 것이 가장 확실하겠지요? 이것은 절대 빗나갈 일이 없으니까요.

꧀

그러니 모든 것이 필요하다고 생각하되 당장은 1보 앞을 보는 것이 중요합니다. 말하자면 쌀통에서 쌀을 꺼내서 밥을 짓는 것이지요. 여러분은 지금 1보 앞을 보면 되는 겁니다. 논에서 벼를 키우는 것은 아직 이릅니다. 하지만 10보 앞, 100보 앞을 보려는 마음가짐은 가져야 합니다.

41

처음 말을
꺼내는 사람이 되어라

무엇인가를 바꾸려면 '계기'가 필요합니다.
"이것을 해야 한다.", "이것을 하고 싶다."라고
말을 꺼내는 사람이 되십시오.
그 마음가짐이 길을 열어 줄 것입니다.

한번은 마쓰시타 정경숙의 한 숙생으로부터 리더에 대한 질문을 받은 적이 있습니다.

"숙장님께서 생각하시는 리더상에 관해서입니다. 가령 메이지 유신은 많은 사람이 활약했다기보다 일부 걸출한 사람들이 민중을 이끌고 단행했다고 할 수 있을 것 같습니다. 이 정경숙은 매년 서른 명씩 새로운 사람이 들어오고 그들을 계속해서 사회로 내보내는데, 그런 면에서 보면 메이지 유신 때 등장한 리더와는 다른 형태의 리더를 염두에 두고 있는 것이 아닌가 싶습니다. 그런 형태로 사회를 움직이는 것이 정말로 가능한지 여쭙고 싶습니다."

나는 이렇게 대답했습니다.

"메이지 유신의 지사라는 사람들이 몇 명쯤인지는 잘 모르지만, 예를 들어 요시다 쇼인을 보면 그의 일파는 한 줌 정도밖에 되지 않네. 하지만 그와 뜻을 같이하는 사람들은 각 번ᵇ(일본의 옛 행정 단위)에 수천 명에 이르렀지. 모두가 요시다 쇼인과 같은 생각을 하고 있었던 것이네.

교토 히가시야마의 료젠이라는 곳에는 유신 지사를 모시는 신사가 있네. 그곳에는 유신 지사의 묘가 500개쯤 있는데, 그들의 넋을 기리기 위해 10년 정도 전에 '료젠 현창회※'라는 모임을 만들어 회장이 되었지. 이사장은 이곳의 이사 중 한 명인 쓰카모토 고이치 씨(당시 와코루 사장)가 맡았네. 그래서 요전에 그 무덤에 잠들어 있는 지사들을 조사해 봤는데, 거의 모든 현의 사람이 모여 있더군. 자네 말처럼 일부 사람들이 유신을 이끈 것이 아니라 각지에서 맹렬한 기세로 쏟아져 나온 것이더군. 쇼인 한 사람이 아닌 것이네. 메이지 유신이라는 시기에는 각지에 뜻을 품은 사람들이 있었으니까.

그러니까 정경숙만이 이런 일을 한다고 생각하면 오해네. 정경숙은 그런 것을 처음 주장한 곳이지. 여러분은 그 선구자 중 한 사

람이 되는 것일세. 나중에 이런 정경숙이 아니더라도 그에 준하
는 생각을 하는 사람들이 전국에서 나올 것이네."

그는 내 대답을 가만히 듣고 난 뒤 되물었습니다.

"지사들을 이끌어 가는 리더는 그렇게 많은 수가 필요하지 않
다고 생각하는데요. 그렇지 않습니까?"

하지만 내 생각은 달랐습니다.

"리더는 수천 명이 필요하네. 그 당시의 일본에 비해 지금의 일
본은 수천 배 정도는 힘이 있다네. 사람의 수는 몇 배 정도밖에 늘
어나지 않았지만, 내실을 보면 메이지 원년과 비교해서 경제력만
수천 배가 강해졌지. 사람만 늘어난 것이 아니라 직업의 종류도
늘었고 모든 것이 늘어났으니까. 그러니까 소수의 리더로는 부족
하네. 정경숙은 하나의 '선구자'가 되고, 정경숙에 준하는 곳이 아
마 계속 생겨날 것이라고 나는 생각하네. 그러니까 정경숙은 정
신을 바짝 차려야 한다네."

마지막으로 그가 물었습니다.

"그렇다면 앞으로 사람들의 생각이 반드시 같은 방향을 향하지

않을 때도 종종 있을 것이라고 예상합니다. 다양한 처지의 사람들이 완전히 다른 방향으로 이상을 추구하면 전체적으로 좋은 방향으로 나아가는 것이라고는 생각되지 않습니다만."

"다소의 폭은 있겠지. 그 폭이 넓어져도 괜찮네. 여러분만 해도 스물세 명이 각자 자신만의 생각의 폭을 가지고 있지 않은가. 하지만 가능한지 불가능한지는 둘째 치고, 무엇인가 서로에게 기대하는 것이 없으면 불안하지. 기대하는 것이 없으면 다른 사람을 설득할 수도 없는 법이네."

무언가를 바꾸려면 처음 말을 꺼내는 사람이 있어야 합니다. 여러분이 바로 그런 사람이 되십시오.

※메이지 유신의 선각자들의 정신을 배우고 그 정신을 오늘날 되살리기 위해 메이지 100년이 되는 1968년에 발족해 메이지 유신 사적의 정비와 료젠 역사관 건설 등의 활동을 펼쳤다. 1975년에 재단법인이 되어 마쓰시타 고노스케가 초대 회장을 역임했다.

42

어렴풋이 이해하면
충분하다

이 세상에는 완전히 이해할 수 없는 것이 대부분입니다.
그러므로 적당한 부분에서 결론을 내야 합니다.
그 설명할 수 없는 일종의 깨달음의 경지에서
'적당한 부분'을 발견하는 것이 중요합니다.

어렴풋이는 이해하겠지요? 이럼풋이 이해했다면 그것으로 충분합니다. 그것을 완벽히 이해할 때까지 탐구하는 것은 불가능에 가깝습니다. 대략 이런 건가 하고 감이 왔다면 그것으로도 충분합니다.

여러분이 다소 의문을 품는 것도 충분히 이해합니다. 완벽히 이해하지 못한 상태로 넘어가도 정말 괜찮겠나 싶겠지요. 물론 완벽히 이해할 수 있으면 좋겠지만, 이 세상에는 완벽히 이해할 수 없는 것들이 대부분입니다. 대부분은 반신반의하는 것이죠. 하나의 문제를 끝까지 파고들어 밝혀내려고 하면 평생이 걸릴지도 모릅니다. 그리고 평생이 걸려서 알아낸 다음에는 죽고 말겠지요. (웃음) 그래서는 안 됩니다. 세상 대부분은 애매모호한 상태입니다. 좀 더 파고들어서 본질을 밝혀내고 싶은 마음은 누구에게나 있습니다. 하지만 조금만 더 파고들면 본질을 알 수 있는 지점, 거기에서 한 걸음을 더 나아가는 데에는 상당한 시간이 걸립니다. 여기에 너무 많은 시간을 들이면 일생을 망칠 수도 있습니다. 그러니까 반신반의하더라도 결론을 내야 할 때가 있습니다.

나는 그렇게 반신반의하면서 결론을 내 왔습니다. 마쓰시타식 경영법은 아주 실용적이거든요. (웃음) 내가 모든 것을 알지는 못한다 해도 적당한 시점에 결론을 내 왔기에 오늘이 있는 겁니다. 좀 더 깊이 생각해야 한다며 시간을 지체한다면 이 일은 할 수 없습니다. 그러니까 그것이 뭐라고 말할 수가 없는 부분이군요. 설명할 수 없는, 일종의 깨달음이지요. 그걸 모르면 곤란해요. 너무 머리가 좋으면 그게 안 되지요. (웃음) 내 머리 정도면 딱 좋겠군요. 정말이라니까요.

8장

감사협력 感謝協力_
진정한 발전을
지향하며

남을 평가하기 전에 자기 자신부터 평가하라.

상대를 소중히 여기는 마음으로 바라보라.

그리고 함께 발전하라.

43

자신을
제어하라

사람의 마음은 신축자재伸縮自在입니다.
먼저 자신의 마음을 제어하십시오.
자신을 제어하지 못하면서
타인을 제어할 수는 없습니다.

나는 어린 시절부터 줄곧 먹고사는 일이 쉽지 않은 환경에서 자라났습니다. 그래서 고생했던 시절을 떠올리면 지금은 감사하다는 느낌이 드는 겁니다. 어지간하면 죽어도 이상하지 않았을 상황에서 살아났으니 만족스럽게 여기는 것이지요. 또 그런 상황에서 살아났으니 나는 운이 강하다, 운이 강하니까 어떤 일을 하든 성공할 수 있다고 무엇이든지 좋은 방향으로 생각해 왔습니다. 그것이 플러스가 되었다고 믿습니다.

　　예를 들면 내가 쉰 살 때 배에서 바다로 떨어진 적이 있었습니다. 그때 옷이고 뭐고 바닷물에 완전히 젖어 버렸어요. 이걸 또 빨아야 한다니 짜증 난다고 투덜거렸다면 아무런 의미도 없었겠지요. 하지만 나는 그렇게 하지 않았습니다. 죽지 않고 살아난 건 내가 운이 강하기 때문이라고 생각했지요. 그랬더니 화가 나지 않더군요. 이렇게 발상을 좋은 쪽으로 전환해야 해요.

사람의 마음은 손오공의 여의봉과 같아서 귓구멍에도 들어갈 만큼 작아지기도 하고 6척짜리 봉이 되기도 합니다. 자유자재에요. 인간의 마음은 이렇게 신축자재伸縮自在여서, 생각 하나로 달라지지요. 똑같은 일을 두고 화를 낼 수도 있고 감사할 수도 있습니다. 그러니까 자신을 어떻게 제어하느냐가 중요합니다. 자신을 제대로 제어하지 못하면서 다른 사람을 제어한다는 건 그야말로 꿈같은 일입니다.

44

장점과
단점

부하 직원이나 후배, 학생을
단순히 가르치는 대상으로만 보지 않고
인간 대 인간으로 대하며 이야기를 나누고
서로 배우는 자세를 잊지 마십시오.

여러분이 나를 대단한 사람이라고 여겨 주는 것은 참으로 고마운 일이지만, 사람은 누구나 장점도 있고 단점도 있습니다. 좋은 점이 잔뜩 있으면 단점도 그만큼 많은 법입니다. 그러니까 앞으로 5년 동안 여러분과 지내면서 여러분이 내 결점을 찾아내어 충고해 주는 일이 많이 있지 않을까 싶군요. 물론 숙장으로서 여러분에게 이렇게 해야 한다고 말하고 제안할 때도 있겠지만, 여러분이 내 단점을 찾아내어 "이렇게 해야 합니다.", "저렇게 해 주셔야 합니다."라고 지적하고 나를 도와줬으면 좋겠습니다.

나는 여러분을 가르칠 뿐만 아니라 여러분의 좋은 점을 따라 해야 하거든요. 숙장과 숙생은 일반적인 통념으로는 선생과 학생이 되겠지요. 하지만 나는 내가 선생이고 여러분이 학생이라고 생각하지 않습니다. 그러니까 나이로 보면 내가 대선배지만, 한 사람의 인간으로는 여러분이 더 선배인 부분도 많다고 봅니다. 그런 생각으로 사람을 상대하지 않으면 '이 사람은 대단한 사람이구나.'라며 추앙만 하다가 단점이 보였을 때 실망하고 맙니다.

나도 마찬가지입니다. 단점투성이인 사람이라고 생각해 주십시오. 지금까지 여러분이 마음속에 그렸던 이미지를 그대로 고수해서는 안 됩니다. 인간 마쓰시타 고노스케로서 동등하게 대화를 나눠야지요. 그러지 않으면 나는 여러분에게서 아무것도 얻지 못합니다.

45

좋지 않은 일에
집착하지 말라

슬픈 일은 누구에게나 있습니다.

문제는 그것에 집착하느냐 하지 않느냐입니다.

집착한다면 인생을 낭비할 뿐입니다.

[숙생]

초등학교를 중퇴하고 와카야마를 떠날 무렵부터의 일들을 줄곧 이야기해 주셨는데, 긴 인생 중에서 숙장님 자신이 '참 즐거웠다, 참 기뻤다'고 생각하신 일이 있으면 말씀해 주십시오.

[마쓰시타]

수습 점원이 되어서 첫 급료로 5전을 받았습니다. 그때가 가장 기뻤습니다.

[숙생]

슬펐던 적은 있습니까?

177

[마쓰시타]

그런 적은 거의 없습니다. 아니, 나도 평범한 사람이니까 사람들이 보통 슬퍼하는 일은 나도 슬퍼합니다. 다만, 그 감정에 오래 머물거나 집착하지는 않습니다. 언제까지나 거기에 매달리는 건 바람직하지 않지요. 그것은 결국 시간과 에너지의 낭비일 뿐입니다.

46

자기 관조를
하라

타인의 눈이 아니라, 자신의 눈으로 자신을 보십시오.

자신의 어떤 점이 문제인지를 스스로 찾아내십시오.

자기 관조가 중요합니다.

　　　　　　　　　✷

　자기 관조를 한 적이 있습니까? 항상 자기 자신을 바라보는 것 말입니다. 자신이 몸 밖으로 나와서 지금 존재하는 스스로를 보는 겁니다. 그런 자기 관조가 중요합니다. 남이 보는 것보다 여러분 자신이 봐야 해요. 그리고 "단점을 알았어. 나는 이런 사람이야."라고 본인 입으로 말해 보는 겁니다. 그러면 나는 "돌아가서 그 단점을 고칠게."라고 하겠지요. (웃음) 바로 그런 겁니다.

　이것은 자신이 지은 집을 밖에서 살펴보고 흉한 부분을 고치는 것과 같습니다. 집이라면 밖으로 나와서 보고 '여기 처마가 낮구나, 처마를 좀 더 높이는 편이 멋지겠다.' 하고 알 수 있지요. 자신이 지은 집이라 해도 밖으로 나와서 보지 않으면 아무것도 알 수 없습니다. 다만, 사람은 몸 밖으로 나갈 수가 없으니 자신을

180

바라보기가 쉽지 않아요. '아마 나는 이런 성격을 지니고 있을 거야.' 정도는 알지만, 그게 다입니다. 분명히 눈으로는 보이지 않습니다. 그래도 자신의 눈으로 스스로를 바라보는 겁니다. 그러고 자문자답합니다. "너는 이 점이 문제야. 이 점을 고쳐야 해.", "그렇군." 하고 대화를 나눠 보는 겁니다. 타인인 내가 어떤 말을 하면 '숙장님은 나에 대해서 아직 잘 모르셔서 저런 말씀을 하시는 거야.'라고 생각하겠지만, 자신의 눈으로 바라보고 자문자답한다면 자신에 대해 모른다고는 하지 못하겠지요. (웃음) 모두 각자 자기 관조를 해야 합니다. 내가 보는 것보다 여러분이 여러분 자신을 보는 것이 중요합니다.

내가 자기 관조가 중요하다는 사실을 깨달은 건 PHP 운동을 시작한 뒤입니다. "마쓰시타 고노스케라는 사람은 이런 단점이 있어. 너는 이런 단점을 가지고 있을 거야.", "아, 그래? 그러면 고쳐야지."와 같은 식으로 자문자답하는 것이지요. PHP 운동을 시작하기 전까지는 그것을 깨닫지 못했어요. PHP 운동을 시작하고 나서 여러 가지를 알게 되었지요.

전쟁이 끝나고 식량이 부족해 곤란을 겪던 시절, 하루는 밤에 PHP 운동에 대해 이야기하러 절에 갔습니다. 스님 네다섯 분과 신자 대여섯 명을 모아 놓고 밤 10시 무렵까지 이야기했습니다. 모두 충분히 먹지를 못해서 배가 고팠지요. 그런데 때마침 부처님께 공양한 떡이 있었어요. 스님이 "마쓰시타 씨, 이렇게 오셔서 세 시간이나 이야기해 주셨는데 드릴 것이 없군요. 여기 떡이 있으니 이것을 구워 드리지요."라며 그 떡을 구워서 모두에게 나눠 주더군요. 그때 먹은 떡은 참 맛있었습니다. 배는 고프고 항상 충분히 먹지를 못하니까 '아아, 이럴 때 먹는 떡은 참 맛있구나.'라고 감동했어요. 그 기억은 지금도 잊히지 않습니다.

그때 스스로 자신을 관조할 필요가 있음을 깨달았습니다. 내가 아무리 이야기해도 그 자리에서 반대는 하지 않지만 동조해 주지도 않아요. '왜 동조해 주지 않는 것일까?' 하는 물음을 가지고 자기 관조를 했습니다. 그랬더니 다른 사람이 동조해 줄 만한 무엇인가가 없으니 당연히 동조하지 않는 것이다, 이래서는 안 된다는 사실을 깨달았습니다. 그래서 당분간은 다른 사람의 동의를

구하려고 하지 말고 공부를 하자, 나 자신에게 공부가 되면 그것으로 충분하다고 결심하게 되었지요. 다른 사람의 동조를 구하는 것은 지나친 욕심이라고 말입니다. 그래서 "이래서는 안 돼. 네가 하는 말에는 아무도 동조해 주지 않아. 공부가 된다면 충분하다고, 공부 상대가 되어 주는 것만으로도 만족이라고 생각해야 해."라고 자신에게 말했습니다. 그렇게 30년 동안 계속했더니 지금은 찬성해 주는 사람도 꽤 많이 생겼네요.

47

서로에게 성실히
봉사하라

봉사하는 마음을 잊어서는 안 됩니다.
그 마음가짐이 서로의 유대를
강하게 만들기 때문입니다.

봉사하는 마음을 잊어서는 안 됩니다. 우리는 서로에게 봉사하는 겁니다. 나는 여러분에게 봉사하고, 여러분은 내게 봉사해야 합니다. 서로에게 봉사하는 것이지요. 여기에서 중요한 것은 '서로' 봉사한다는 점입니다. 이것을 결코 잊어서는 안 됩니다. 그 마음가짐이 없으면 아무것도 해낼 수 없습니다. 그런 것이 서로의 유대를 강하게 만들어 줍니다. 그것이 인간의 모습이지요. 그걸 모르면 곤란합니다.

48

화목함이 없으면
모든 것이 헛되다

화목함을 제일로 여기십시오.

화목함이 없으면 강한 힘은 생기지 않습니다.

그것을 머리로 아는 것이 아니라 마음에 담으십시오.

화목함을 제일로 삼는 겁니다. 이것은 모두에게 공통되는 매우 중요한 요소입니다. 화목함이 없으면 아무런 힘도 생기지 않아요. 그 강력한 힘이 없으면 전부 헛된 일이 되어 버리지요. 그렇게 되지 않도록 화목하게 협력하는 것이 무엇보다도 중요합니다. 이러한 사실을 머릿속에 확실히 넣어 둬야 합니다. 아니, 머릿속에 넣기보다는 가슴에 담아 두십시오. 마음에 담아 두십시오. 그것이 중요합니다.

마쓰시타 고노스케 《리더의 길을 묻다》 강연·대담 일자(게재순)

4장 소지관철(素志貫徹) - 길을 개척하기 위해

5장 자주자립(自主自立) - 지혜와 힘을 모으기 위해

6장 만사연수(萬事研修) - 매사에 배우는 사람이 되기 위해

7장 선구개척(先驅開拓) - 새로운 역사의 문을 열기 위해

8장 감사협력(感謝協力) - 진정한 발전을 지향하며